DU CRÉDIT FONCIER

DE FRANCE.

PARIS, IMPRIMERIE CENTRALE DES CHEMINS DE FER DE NAPOLÉON CHAIX ET Cᵉ, RUE BERGÈRE, 20

DU

CRÉDIT FONCIER

DE FRANCE

PAR

M. VALDENAIRE

DOCTEUR EN DROIT,

ANCIEN GÉRANT DE LA CAISSE DE LIBÉRATION DES DETTES HYPOTHÉCAIRES.

Il faut qu'une institution nouvelle vienne favoriser l'agriculture, en lui apportant d'utiles ressources, en facilitant ses emprunts.

Paroles de l'Empereur NAPOLÉON III
6 juin 1849.

PARIS

GARNIER FRÈRES, ÉDITEURS,

6, RUE DES SAINTS-PÈRES, ET PALAIS-ROYAL, N° 15 BIS

1860

A SA MAJESTÉ

L'EMPEREUR NAPOLÉON III.

SIRE,

Le Crédit foncier de France, par l'heureuse influence qu'il doit exercer sur le sol, a eu le bonheur d'appeler Votre auguste attention. C'est pourquoi j'ose prendre l'extrême liberté de soumettre à Votre Majesté quelques idées qui pourront, je l'espère, contribuer au succès de l'une de nos plus belles institutions.

Le Crédit foncier de France, n'opérant qu'à l'aide d'un papier soumis aux fluctuations de la Bourse, est dans l'impossibilité de jamais rapprocher, si ce n'est accidentellement, l'intérêt de l'argent du revenu de la terre.

La lettre de gage à l'intérêt de 3 65 0/0, que des moyens puisés dans le mécanisme seul de l'Institution doivent faire circuler, valeur nominale, aurait ce grand résultat : de mettre le produit de l'argent et celui de la terre en un rapport qui importe tant à la richesse agricole.

Elle en aurait un autre non moins précieux : circulant comme monnaie productive, elle donnerait à des capitaux stagnants un emploi qui rejaillirait sur la prospérité de l'industrie.

Le Crédit foncier de France n'admettant à ses bienfaits que les emprunteurs assez riches pour donner une garantie supérieure de moitié au capital prêté, je propose, à l'aide de mesures que justifie une longue expérience, d'y faire participer, en outre, une classe nombreuse dont les embarras réclament les facilités de la libération annuelle ; et cela, sans compromettre en rien le caractère de sécurité des opérations, dont une société de crédit foncier ne doit jamais s'écarter.

Puisse Votre Majesté voir, dans ces quelques lignes, un but qui, tendant à La faire bénir par un plus grand nombre, L'engage à prendre connaissance du travail que j'ai l'honneur de Lui soumettre.

Je prie Votre Majesté,

SIRE,

d'agréer l'hommage de mon profond respect et de mon dévouement le plus entier.

VALDENAIRE.

DU CRÉDIT FONCIER

DE FRANCE

INTRODUCTION.

Naguère, il ne s'élevait qu'un cri : *libérer la propriété foncière, la mettre à même d'emprunter à bas intérêts ;* et la plus auguste pensée y a répondu par le décret du 28 février 1852.

Mais le Crédit foncier de France, né de ce décret, satisfait-il au besoin en vue duquel il a été créé (1) ?

Le sol de la France est grevé d'environ 13 milliards d'inscriptions, qui représentent 8 milliards de dettes effectives. Des remboursements viennent, à la vérité, d'une année à l'autre, en éteindre une partie ; mais de nouvelles inscriptions, pour des sommes que les statistiques nous montrent égales aux extinctions, ne permettent pas que le chiffre des dettes diminue.

(1) Le Crédit foncier, tel qu'il est constitué en vertu du décret du 28 février 1852, ayant été adopté comme s'appropriant le mieux à la France, il ne s'agit pas ici de savoir si un autre mode eût été plus convenable, mais de rechercher si le mode adopté remplit tout ce qu'on a droit d'en attendre ; si, améliorant la position des débiteurs, comme nous nous hâtons de le reconnaître, il l'améliore dans la mesure qu'on est en droit d'espérer d'une société de crédit foncier.

Il y a là un fardeau d'autant plus lourd que les débiteurs ne peuvent le soutenir qu'à l'aide d'intérêts, de frais, qui, soit pour une cause, soit pour une autre, ne s'élèvent pas, en moyenne, à moins de 8 à 10 0/0 (1).

Que fait le Crédit foncier de France pour alléger cet énorme fardeau ?

Dans l'origine, il négociait son papier sous le titre d'obligations foncières (2), et les fonds qu'il se procurait ainsi, il les prêtait avec faculté d'en effectuer le remboursement par annuités (3), à ceux qui donnaient une garantie double de la somme prêtée (4).

Ce mode mettait la Société dans la nécessité de placer ses obligations au pair, sans quoi chaque opération l'eût constituée en perte, ce qui l'aurait conduite à sa ruine. Or, tous les moyens propres à faire valoir les obligations ont été épuisés : intérêts, primes et lots, il n'est rien qui n'ait été mis en œuvre, et, malgré cet attrait

(1) Exposé des motifs du projet de loi sur le Crédit foncier.
De la libération de la propriété, par M. d'Audiffret, page 15.

(2) Les obligations foncières ne peuvent dépasser le montant des engagements hypothécaires des emprunteurs.
Elles sont créées sans époque fixe d'exigibilité pour le capital.
Elles sont appelées au remboursement par voie de tirage au sort.
(Statuts, art. 76 et 82.)

(3) Les annuités sont calculées de manière à amortir la dette dans un délai qui varie de 10 à 60 ans.
L'annuité comprend :
1° L'intérêt ;
2° L'amortissement déterminé d'après le taux de l'intérêt et la durée du prêt ;
3° Une commission qui ne peut excéder 60 centimes par 100 francs.
(Statuts, art. 51 et 59).

(4) Statuts, art. 96.

qui les recommandait si justement, elles n'en ont pas moins été constamment en baisse. Aussi, cinq années ne s'étaient pas écoulées, que, dans l'impossibilité de les placer au pair, il fallut renoncer à prêter en espèces.

L'abandon de ce mode n'était, au reste, que l'abandon d'une erreur. Une Société de crédit foncier ne doit pas délivrer d'espèces aux emprunteurs, mais des titres garantis par leurs propriétés, et qu'ils négocient eux-mêmes. C'est à ce dernier système, le seul possible, le seul vrai, qu'est revenu le Crédit foncier de France. En conséquence, il remet actuellement ses obligations à l'emprunteur, et il les lui remet, valeur nominale, sauf à lui à les négocier à ses risques et périls.

Cependant, pour être le véritable, ce dernier système est-il mis à exécution de manière à atteindre le but espéré, de manière à faire diminuer le prix de l'argent garanti par le sol ? Ne reste-t-il pas évident que, tant que les obligations seront en baisse, l'emprunteur verra l'intérêt qu'il paie, calculé sur l'intégralité de la somme empruntée, s'élever d'autant plus que la négociation des obligations lui donnera moins? Empruntant, par exemple, 10,000 fr. à 5 0/0, ne paiera-t-il pas au delà de 5, quand, au lieu de 10,000 fr., il ne recevra que 9,000 fr.?

Il se peut néanmoins, et nous le reconnaissons, que, à l'aide des facilités que présente la libération par annuités, quelque inférieur que soit le cours des obligations, il se peut, disons-nous, que les emprunts se multiplient. Mais, coûtant un intérêt élevé, quel bien auront-ils produit, si ce n'est peut-être d'avoir favorisé des spéculations dont les promesses, jointes à la facilité de s'acquitter annuellement, auront déterminé à passer sur l'élévation de l'intérêt ? Que devient le but de réduire le taux d'une dette de 8 milliards, de le mettre en rapport avec le produit du sol ? Quel parti utile aura-t-on su tirer de la pensée féconde qui a dicté le décret du 28 février, et qui, pour réaliser les heureux résultats qu'elle en attendait, en a favorisé l'exécution par une dotation de 10 millions ?

Allons plus loin.

Admettons que les obligations finissent par atteindre le pair et qu'elles s'y soutiennent. Qu'y gagnera-t-on ? Le mal sera moindre, sans doute, mais il n'aura pas disparu. Ce qui en restera suffira pour faire faillir le Crédit foncier à sa belle destination : *de ramener l'intérêt de l'argent prêté à la terre, à un taux en rapport avec la production.* Dès lors, en effet, que les obligations devront toujours présenter les avantages qui, seuls, peuvent les maintenir au pair, les emprunteurs ne seront pas moins grevés, puisqu'ils doivent payer une annuité dont le chiffre est déterminé en raison de ces avantages.

A la vérité, en Allemagne, le berceau du crédit foncier, des lettres de gage à un intérêt inférieur à 4 0/0 ont été émises au pair et se sont même négociées au-dessus (1) ; mais les écrits qui rapportent ces faits ne

(1) *Des institutions de crédit foncier en Allemagne et en Belgique*, par M. Royer.

les présentent que comme le résultat de fluctuations de bourse ; et, d'ailleurs, ils les font remonter à une époque où les capitaux ne trouvaient pas l'emploi fructueux que leur offrent maintenant les chemins de fer et le prodigieux développement de l'industrie. Comment les lettres de gage s'y négocient-elles actuellement ? C'est ce qu'une enquête récente pourrait seule nous apprendre. Au reste, cela nous éclairerait peu. Les coutumes d'un pays, les conditions dans lesquelles il se trouve, ont leur despotisme ; et de ce qui se passe dans l'un, on ne peut conclure ce qui doit se passer dans l'autre.

Il est donc constant que, les obligations atteignissent-elles le pair, le mode de procéder actuel laissera toujours l'emprunteur dans une position qui sera loin de celle que rappelait M. le Ministre de l'agriculture et du commerce lorsque, le 10 décembre 1857, il disait :

« Sire,

» La pensée capitale de Votre décret du 28 février
» 1852 a été de réduire le taux de l'intérêt de l'argent
» et de le mettre progressivement en rapport avec le
» revenu de la terre ; c'était répondre à cette grande
» pensée, qui prouve toute Votre sollicitude pour les po-
» pulations agricoles, que de Vous offrir une combinai-
» son de nature à réaliser immédiatement les immenses
» bienfaits du crédit foncier. »

Entrons maintenant dans quelques détails pour démontrer que la combinaison dont parle M. le Ministre n'a pas répondu à ses espérances.

Les obligations étant soumises aux fluctuations de la Bourse, l'emprunteur est d'abord constitué en perte, quand, au jour de son emprunt, elles sont en baisse.

Si, plus tard, il veut résilier son contrat, et que les obligations soient en hausse, il subit une nouvelle perte, parce que, dans ce cas, il est forcé de les racheter à un prix supérieur à celui auquel elles lui ont été comptées, ou de s'acquitter en numéraire (1).

A la vérité, si, au jour de la résiliation, les obligations sont en baisse, il profite; mais il profite seul, et tous ceux qui empruntent à ce moment éprouvent un préjudice plus considérable, les prêts étant réalisés en obligations perdant davantage.

En résumé, par cela seul que le papier avec lequel les prêts sont effectués est en butte à des variations, l'emprunteur est soumis à un *aléa* qui s'oppose à ce que le taux de l'argent soit jamais en rapport avec le produit de la terre, si ce n'est accidentellement.

La haute Institution du Crédit foncier de France doit aspirer à sortir d'un mode d'exécution qui, quels que soient ses succès, ne peut assurer la baisse de l'intérêt, inspirée par une pensée de bien-être général; mode d'exécution qui, malgré son irréprochabilité morale, permet à la malveillance de mettre en jeu la dignité de la Société. Déjà M. le gouverneur, dans son rapport du 29 avril 1857, s'en est plaint dans les termes suivants : « Elle n'épargne pas les insinuations, l'erreur.

(1) Statuts du Crédit foncier de France, art. 63.

» Nous avons vu qu'elle appelait usure le prêt d'un titre » au pair qui ne produit pas à la négociation la somme » pour laquelle il est donné (1). »

Or, il n'est qu'un moyen, non de faire échapper la Société à de telles inculpations, elles ne peuvent l'atteindre, mais de l'élever à la hauteur qui est dans ses destinées.

La *lettre de gage* à bas intérêt, émise et maintenue au pair, indépendante des événements de la Bourse et circulant valeur nominale, peut seule réaliser ce qu'on attend de la grande Institution appelée à résoudre la question de savoir : *Comment équilibrer l'intérêt de l'argent et le revenu de la terre.*

Nos études et l'expérience que nous devons à notre précédente position de Gérant de la **Caisse de libération des dettes hypothécaires** nous donnent l'es-

(1) Le rapport du 27 avril 1858 n'a vu, dans l'infériorité du cours des obligations, d'autre conséquence qu'une augmentation d'annuités, produite par ceci : que l'emprunteur recevant moins qu'il n'a emprunté, son annuité se trouve relativement plus élevée.

Cela n'a effectivement que cette conséquence, qui a toutefois son importance, si ce n'est dans un cas que nous demandons la permission d'exposer.

Supposons que le propriétaire d'un bien d'une valeur de 20,000 fr. ait *impérieusement* besoin de 10,000 fr., qu'il les emprunte au Crédit foncier, et que la négociation des 10,000 fr. d'obligations qu'il en reçoit ne lui rende que 9,000 fr.

Comme nous avons supposé qu'il avait impérieusement besoin de 10,000 fr., il n'éprouve pas seulement un préjudice en ce que l'annuité, calculée sur 10,000 fr., se trouve plus élevée, dès lors que la négociation des obligations ne lui donne que 9,000 fr., mais encore en ce que ses ressources pour atteindre le but qu'il se propose se trouvent diminuées de 1,000 fr.

Pour qu'il en fût autrement, il faudrait que le propriétaire pût élever son emprunt assez pour que, déduction faite de toute perte sur les obligations, il lui restât 10,000 fr. ; ce qui est impossible, puisque l'art. 56 des statuts ne permet pas à un bien de 20,000 fr. d'emprunter au delà de 10,000 fr.

poir d'arriver à résoudre cette importante question, restée jusqu'ici à l'état de problème.

Cette question résolue, viendront les débiteurs qui se voient privés de la libération annuelle, soit par l'impossibilité de donner la double garantie exigée, soit par l'irrégularité de leurs titres. Convaincu que plus on étendra les bienfaits du décret du 28 février, plus on en remplira les généreuses intentions, nous essaierons de vaincre les obstacles qui le rendent inaccessible à tant de débiteurs, et, hâtons-nous de le dire, sans affaiblir en rien la sécurité des opérations.

Mais, avant tout, il importe de relever deux erreurs de nature à exercer une influence fatale sur le papier-gage.

En conséquence, nous diviserons notre travail en trois chapitres :

Des erreurs préjudiciables aux lettres de gage ;

Des lettres de gage ;

Des débiteurs exclus de la libération annuelle.

CHAPITRE PREMIER

DES ERREURS PRÉJUDICIABLES AUX LETTRES DE GAGE.

PREMIÈRE ERREUR.

Prêts de 50 et de 60 ans, considérés comme seuls favorables à l'agriculture.

Le principe qui domine tous les systèmes de crédit foncier est que, pour venir en aide à la propriété, il faut lui prêter à un taux et avec des facilités de remboursement en rapport avec son produit.

S'il n'est pas de principe plus incontestable, il n'en est pas de même de l'application qui en est faite.

La terre, dit-on, ne donne que peu, et là-dessus de croire que le cultivateur qui emprunte ne peut rembourser que dans un espace de temps qu'on ne craint pas de prolonger au delà de la durée ordinaire de la vie.

Erreur !

Il faut distinguer le fonds d'avec l'industrie qui l'exploite en cultivant.

Le revenu du fonds se compose de ce que tire le propriétaire qui afferme, tandis que l'industrie qui cultive doit prendre rang parmi les industries fructueuses.

Que l'on consulte l'aisance des cultivateurs de la Normandie, de la Beauce, ... on reconnaîtra que les travaux agricoles bien entendus arrivent à des résultats qui ne s'éloignent pas de ceux des autres bonnes professions; et l'on cessera de prétendre que tout propriétaire cultivateur qui doit ne puisse se libérer que dans un temps dont la durée embrasse plusieurs générations (1).

Un exemple rendra ceci palpable.

Supposons que le propriétaire d'une terre de 20,000 f., voulant l'améliorer, emprunte 10,000 fr. ; et en cela nous faisons large part, car 10,000 fr. sont le maximum de ce que les statuts du Crédit foncier permettent d'emprunter sur une terre de 20,000 fr.

Admettons que le rendement se réduise, comme on le veut communément, à 3 0/0 pour le propriétaire et à 3 0/0 pour le fermier.

Il arrivera que le cultivateur qui réunit la double qualité de propriétaire et de fermier tirera 3 0/0 à titre de propriétaire, 3 0/0 à titre de fermier, c'est-à-dire 6 0/0; et, comme on ne peut supposer que les 10,000 fr., employés en améliorations, n'aient porté la valeur de la terre au moins à 30,000 fr., il en tirera 1,800 fr. au moins. Or, l'annuité d'un prêt de 10,000 fr. et d'une durée de 20 ans est de 856 fr. 72 c., le Crédit foncier eût-il prêté à son taux le plus élevé, à celui de 5. Comment donc celui qui gagne 1,800 fr. ne pourrait-il payer 856 fr. 72 c. (2) ?

(1) Cette croyance est telle que la durée des opérations, limitée à 50 ans par l'article 70 des statuts du Crédit foncier en date du 29 juillet 1852, a été étendue à 60 ans par l'article 51 des statuts modifiés le 26 juin 1856.

(2) Qu'on ne perde pas de vue que, en limitant le gain à 1,800 francs, nous nous sommes conformé au dicton populaire qui n'attribue que 3 0/0 au fermier. Or, aujourd'hui que la culture du sol s'est élevée au rang d'une

Il y aurait également lieu à cette question, quand même la somme empruntée ne serait pas consacrée à l'amélioration de la terre. Est-ce qu'en effet cette somme n'aurait pas toujours un but utile? Est-ce que son produit ne viendrait pas toujours accroître le revenu de l'emprunteur? Qu'importe que ce revenu, destiné à payer l'annuité, vienne, ou de la propriété seule améliorée par l'emprunt, ou de la propriété et de l'emprunt divisément? Le résultat sera toujours le même : des ressources annuelles supérieures, et de beaucoup supérieures à l'annuité.

Pourquoi, alors, le propriétaire cultivateur qui recourt à un emprunt se croirait-il obligé de contracter pour une durée de plus de vingt ans, pour une durée de cinquante à soixante ans (1)? Dès lors qu'il peut se soustraire à cette nécessité, il a le plus grand intérêt à le faire; car, par là, non-seulement il ne s'expose pas à léguer de longues charges à ses héritiers, mais il échappe à toutes commissions à partir de la vingtième année. Et, quoiqu'une commission en faveur de la Société constitue la rétribution la plus légitime, puisqne la Société améliore la position de l'emprunteur, toujours est-il que plus tôt il cesse de la payer, mieux vaut pour lui (2).

industrie, que la science agricole utilise au plus haut degré le bétail, les machines, les engrais,. . . . ce n'est plus 3 0/0 que le cultivateur gagne, mais bien ce que donne toute bonne industrie sagement conduite.

De combien alors le produit n'excédera-t-il pas l'annuité!

(1) La loi sur le drainage, votée en 1858, qui limite à vingt-cinq ans le temps accordé pour la libération par annuités des sommes empruntées pour travaux de drainage, corrobore ce que nous avons dit de l'inutilité d'une durée de cinquante à soixante ans.

(2) Bien que le caractère de la Société soit un sûr garant qu'elle préférera les opérations de moindre durée, aussitôt qu'elle y verra l'avantage de l'emprunteur, nous croyons devoir dire que, si des emprunts de courte durée

Nous avons dû relever une erreur qui tend à multiplier des opérations dont l'éternelle longueur circonscrit l'annuité, et ne permet de consacrer aux lettres de gage qu'un trop faible amortissement (1).

donnent moins de commissions, en revanche, les voies nouvelles que nous ouvrons ci-après, *chapitre premier* et *chapitre second*, augmenteront les emprunts et les commissions dans une proportion près de laquelle les emprunts et les commissions possibles aujourd'hui ne sont rien.

Nous ferons observer aussi que moins les opérations ont de durée, plus vite rentrent les lettres de gage, et plus vite les annuités dégagent les propriétés; ce qui permet une plus grande somme de nouvelles opérations.

(1) Les emprunts devant se multiplier, comme nous le disons à la note précédente, il importe que l'amortissement ne soit pas trop faible, autrement, il y aurait impossibilité de satisfaire aux demandes sans surcharger la place de lettres de gage; ce qui les avilirait.

SECONDE ERREUR.

Prohibition d'une annuité supérieure au revenu de la propriété donnée en garantie.

Le Crédit foncier de France ne considère que la propriété : après avoir exigé qu'elle soit d'une valeur double de la somme empruntée, il veut encore que son produit acquitte l'annuité. « L'annuité au » service de laquelle l'emprunteur s'engage, dit le der- » nier alinéa de l'article 56 des statuts, ne peut être » supérieure au revenu total de la propriété. »

Exigence irréfléchie !

On ne prête point à la propriété; on l'accepte seulement en nantissement, comme on accepterait toute autre chose ne donnant même aucun produit, par exemple, un lingot d'or ou d'argent. Mais on prête à l'homme, au travail qui utilise la somme empruntée, qui satisfait à son *intérêt* ainsi qu'à son *remboursement;* et la propriété ne doit être envisagée que comme une garantie que le travail de l'homme satisfera à cette double exigence.

Il est si vrai qu'on doit, en prêtant, ne pas séparer l'homme de la propriété, que, si le débiteur n'exerce pas une industrie, il ne pourra payer son annuité, qui renferme *intérêt* et *remboursement,* quoique son revenu en présente l'équivalent.

A quoi sert, en effet, que l'annuité n'excède pas le revenu ?

A ceci seulement : que, dans le cas où elle ne serait pas acquittée exactement, la Société pourrait se la faire payer rien qu'en séquestrant le gage (1). Mais alors avec quoi vivra le débiteur, s'il n'a pas une industrie? Ne faudra-t-il pas qu'il en vienne à vendre sa propriété, pour, sa dette payée, employer le surplus du prix à se créer des ressources ? Et, s'il ne le fait pas, comment échappera-t-il à l'expropriation ? Ne sera-t-elle pas infailliblement provoquée par les créanciers que les besoins, nés du défaut d'une industrie, auront enfantés ? Quel service lui aura donc rendu l'Institution ? Évidemment aucun, si ce n'est d'avoir augmenté sa dette des commissions qu'elle aura perçues, et de l'avoir par conséquent placé dans une position pire.

Il faut donc reconnaître que, pour se libérer, tout débiteur doit avoir des ressources en dehors de ses propriétés, qu'il n'échappe pas à cette nécessité par un revenu égal à son annuité.

Qu'en conclure ?

Que l'annuité trouve sa véritable mesure, non dans les propriétés qui lui servent de garantie, mais dans l'industrie de l'emprunteur, et que celui-ci, étant seul juge du produit de son travail, doit seul juger du chiffre de son annuité.

(1) L'article 29 du décret du 28 février 1852 dit : « En cas de retard du » débiteur, la Société peut, en vertu d'une ordonnance rendue sur requête » par le président du tribunal civil, et quinze jours après une mise en de- » meure, se mettre en possession des immeubles hypothéqués, aux frais et » risques du débiteur en retard. »

Au reste, pourquoi cette disposition limitative de l'article 56 des statuts?

Nous l'avons dit : afin que l'annuité n'excédant pas le revenu, le séquestre en assurât le paiement total.

Mais quelle utilité ?

La verrait-on dans la crainte que le retard des annuités ne compromît la Société ? Cette crainte ne serait pas fondée. L'amortissement des obligations s'effectuant, dans le courant de chaque année, en raison des annuités acquittées et non des annuités échues (1), un retard n'a d'autre conséquence que d'en reculer l'exercice jusqu'au jour de l'acquit de l'annuité, soit par le débiteur, soit par la vente du gage.

A la vérité, la Société s'engageant à servir ponctuellement l'intérêt des obligations, un retard la prive des deniers destinés à y faire face, au jour où elle doit les payer, et l'oblige à les avancer. Il lui importe donc que le séquestre la fasse rentrer promptement dans ses avances. Mais, pour cela, il n'est pas nécessaire que l'annuité n'excède pas le revenu. L'excédât-elle, il s'ensuivrait seulement que le revenu n'acquitterait pas intégralement l'annuité ; ce qui ne compromettrait en rien la Société, parce qu'elle ne rentrerait pas moins dans les intérêts par elle avancés, le séquestre les lui assurant aussi bien dans le cas où l'annuité surpasse le revenu, que dans le cas contraire.

(1) On lit à l'art. 16 du décret du 28 février 1852 :
« Dans le courant de chaque année, il est procédé au remboursement des » lettres de gage, au prorata de la rentrée des sommes affectées à l'amor» tissement. »

Défendra-t-on la disposition restrictive de l'annuité, en prétendant qu'elle a pour but d'empêcher l'emprunteur d'outre-passer ses forces?

S'il en était ainsi, on oublierait que, l'homme étant peu enclin à se charger de lourds fardeaux, il n'est pas à craindre qu'un débiteur s'impose une trop pesante annuité. De plus, quiconque connaît l'attrait inséparable de la libération annuelle redoutera peu aussi que le débiteur ne s'acquitte pas : voyant à chaque versement se détacher un anneau de la chaîne qui l'enlace, il devancera plutôt qu'il ne reculera le paiement de ses annuités.

Quel est, dans les campagnes, le mode adopté par ceux qui veulent obtenir d'une propriété le plus haut prix possible? Ils vendent en détail, avec faculté de payer en six, huit ou dix ans, par sixièmes, huitièmes ou dixièmes. Eh bien! malgré l'élévation des enchères, qui est toujours la conséquence des facilités de paiement, il arrive rarement que les acquéreurs ne s'acquittent pas : cela est au su de tout le monde. Et cependant nombre de ces acquéreurs sont souvent de simples journaliers. Quel exemple plus frappant du prestige de la libération annuelle!

Reconnaissons donc que le travail, qui seul conduit à ces remarquables résultats, et qu'on a si justement nommé *le plus puissant des capitaux*, est la source de toute prospérité, et déplorons que, par l'anomalie la plus regrettable, on ne le compte pas dans les moyens d'acquitter les annuités.

Ceci compris, rien ne peut défendre le dernier alinéa

de l'article 56 des statuts du Crédit foncier de France. Tout, au contraire, commande l'abrogation de cette disposition, qui, sans utilité pour la Société, est nuisible, en ce que, non moins que l'erreur qui assied les emprunts de l'agriculture sur des opérations sans fin, elle tend à restreindre les prêts d'une durée de vingt ans et au-dessous, dont l'annuité rembourserait les lettres de gage avec une rapidité qui importe à leur succès (1).

(1) Au reste, si, par exception, un emprunteur s'était mépris sur ses forces, s'était chargé d'une trop lourde annuité, rien ne s'opposerait à ce que la Société et lui, d'un commun accord, en allégeassent le poids en transformant l'opération en une opération de plus longue durée.

Cela n'aurait d'autre inconvénient que de rendre moins rapide l'amortissement des lettres de gage qui ont servi à réaliser l'opération.

CHAPITRE II.

DES LETTRES DE GAGE.

Après avoir signalé deux erreurs que nous considérons comme préjudiciables aux lettres de gage (1), espérant que la lumière se fera, nous aborderons les questions auxquelles ces lettres donnent lieu, et, pour aider à leur solution, nous rappellerons préalablement comment un éminent publiciste s'exprime à leur sujet (2).

« Un immense avenir est réservé aux obligations ga-
» gées.

» L'obligation gagée sous une forme qui en rende la
» circulation sûre et facile, c'est le billet à intérêt.

» Le billet productif, c'est la monnaie perfectionnée.

» C'est ce que reconnaissait implicitement M. *Muret*
» *de Bort*, dans la discussion du projet de loi portant
» renouvellement du privilége de la Banque de France,
» lorsqu'il disait :

» Le papier sur Paris ne ressemble à aucun autre.
» **Il vaut mieux que la monnaie**; car c'est une
» monnaie qui, *lorsqu'elle est en caisse, rapporte des*
» *intérêts.*

(1) Sans vouloir rien ôter à l'obligation émise par le Crédit foncier de France, de son caractère de *lettre de gage,* nous prévenons que nous réservons cette dénomination aux billets que nous voulons substituer aux obligations foncières. Cependant, au lieu de cette dénomination consacrée, la lettre à 3 65, mise à exécution, pourrait recevoir heureusement le nom de *billets fonciers.*

(2) La *Presse* du 20 août 1853 : *Billets à intérêt à 3 65 par an,* par M. *Emile de Girardin.*

» C'est ce que reconnaissait également *M. Bartholony*, » lorsque, discutant la question des bons de chemins de » fer à l'intérêt d'un centime par jour, il disait :

» . . . . *Tout en satisfaisant à un besoin public :* » *celui d'une monnaie en billets portant intérêt.*

» La forme la meilleure du billet à intérêt, c'est la » forme la plus simple, c'est-à-dire celle qui se prête le » plus facilement et à la circulation et au décompte de » l'intérêt échu. Donc le billet de 100 fr. productif d'un » centime par jour, soit 3 fr. 65 cent. par an, est sans » contredit le billet appelé à devenir le plus promptement » et le plus certainement populaire.

» Je puis le dire avec d'autant plus de liberté, que la » conception du billet de 100 francs à intérêt d'un centime » par jour m'a été attribuée à tort. La priorité de » cette conception appartient à MM. Emile et Isaac Pereire » : ce sont eux, les premiers, qui l'ont formulée » en septembre 1830 (1).

. . . .

» Il manque en France, à la circulation, une valeur » qui soit d'une négociation si facile et si populaire qu'elle » absorbe tous les petits capitaux flottants et cependant » immobiles, qui restent improductifs au fond des tiroirs, » au fond de toutes les bourses, au fond de toutes » les caisses, parce que, aujourd'hui sans emploi, ils en

(1) M. J. Pereire a vu dans des billets portant intérêt non remboursables à vue, et *garantis personnellement par les chefs de l'industrie* faisant partie de la Banque d'émission, des valeurs qui auraient cours sur toutes les places de l'Europe et qui seraient recherchées comme placement par tous les capitalistes étrangers. (*Leçons sur l'industrie et les finances*, pages 76 et 79.)

Que n'aurait-il pas vu dans ces mêmes billets garantis par le sol de la France !

» attendent un demain qu'ils n'auront peut-être que dans » quelques jours, dans quelques mois, et que jusque-là » il n'y aura pour eux aucun moyen de s'utiliser sûre- » ment, avantageusement. »

Ici le savant économiste expose les différents modes de placements actuels : prêt sur hypothèques, escompte des effets de commerce, placement en inscriptions de rente. Il en fait ressortir les inconvénients, et il cite les bons royaux comme pouvant donner une idée de l'avenir réservé aux billets à intérêts.

« Les bons royaux sont des effets au porteur ou nomi- » natifs que le Trésor public émet à trois mois, six mois, » neuf mois et un an de terme, et dont l'intérêt varie de 2 » 1/2 à 4 0/0. Ce mode de placement a l'avantage d'être » exempt des fluctuations du cours de la rente; c'est ce » qui le fait rechercher par tous les capitalistes qui veulent » conserver la faculté de pouvoir toujours disposer de » leurs capitaux sans risque d'être obligés de subir la » perte d'une réalisation, et sans que pour cela cepen- » dant ils restent improductifs d'intérêt. Il arrive sou- » vent qu'il y a moins de bons du Trésor que de de- » mandes. Dans ce cas il y a un faible agio, c'est-à- » dire qu'on est obligé de les acheter à la Bourse un » peu plus cher qu'ils n'ont été payés primitivement au » Trésor. Que serait-ce donc si le Trésor, au lieu de ne » délivrer de bons royaux que pour des sommes excédant » celles de 500 fr., pouvait mettre des bons royaux de » 100 fr. au porteur à la disposition de tous ceux qui en » demanderaient?

» Dans l'état présent des choses, ce mode de place-

» ment est loin d'être suffisamment connu et d'un usage » général ; il n'a ordinairement lieu que pour des » sommes d'une certaine importance ; et cependant la » masse des bons royaux en émission a dépassé, dans » certaines années, 300 millions. Que, par ce chiffre, » on juge de la puissance et de la popularité qui seraient » réservées à un mode de placement analogue, qui au- » rait l'avantage de paraître présenter des garanties » plus réelles encore, de n'être pas remboursables à » échéances fixes et rapprochées, et de donner un em- » ploi productif à tous les petits capitaux qui, par divers » motifs, ne sont aujourd'hui susceptibles d'en recevoir » aucun.

» Pourquoi n'émettrait-on pas des bons productifs » d'un intérêt de 3 fr. 65 par an, au porteur, pour des » sommes de 100 à 1,000 francs?

» Qu'y aurait-il à la fois de plus simple et de plus » sûr ?

» Toute personne, à quelque classe qu'elle appartînt, » dès qu'elle aurait 100 francs chez elle, les converti- » rait en un bon d'égale somme, pour jouir des intérêts » à courir jusqu'à l'époque où elle le donnerait en paie- » ment.

» Quant au calcul des intérêts, que si peu de per- » sonnes sont en état de faire, quoi de plus simple? » Tous les bons auraient le 1er janvier pour date de » jouissance. L'intérêt étant d'un centime par jour, » par somme de 100 fr., il n'y aurait pas même de » risque qu'un enfant s'y trompât. Tout bon de 100 fr. » gardé en caisse pendant un mois vaudrait 100 fr. 30 c. » et serait donné en paiement pour cette somme.

» Nul doute que l'effet moral d'une telle création ne » fût de bientôt familiariser avec les avantages de l'é» pargne, d'étendre encore les habitudes d'ordre et » par suite les moyens de bien-être. On dépense assez » facilement, et sans s'en rendre compte, l'argent » qui reste improductif ; on dépense plus difficilement » celui qui donne un intérêt, quel qu'il soit. L'argent » attache plus par son produit que par lui-même ; c'est » une observation dont l'exactitude ne sera contestée » par aucun de ceux qui ont attentivement suivi les » placements qui s'opèrent dans les caisses d'épargne (1).

Après avoir ainsi, non moins que l'éminent publiciste que nous venons de citer, restitué à César ce qui appartient à César, il nous sera permis de revendiquer la part d'invention qui nous revient dans le billet à intérêt.

Si, le 4 septembre 1830, MM. Pereire ont, dans un sentiment de bien général, proposé au Gouvernement le billet à intérêt, avec des moyens d'exécution qui ne reçurent pas son approbation, malgré la valeur de l'idée, nous, dès le 24 février précédent, nous avions créé le billet destiné à mobiliser le sol. Seulement nous lui avions attribué un intérêt de 3 0/0, comme mettant davantage le revenu de l'argent en rapport avec celui de la terre, et, certes, nous en apportons une preuve de toute authenticité.

Les statuts de la *Caisse de libération des dettes hypo-*

(1) Pour s'enrichir de l'intérêt composé, l'épargne ne devrait ici qu'acquérir des lettres et en échanger le produit contre de nouvelles lettres : de cette manière, tout produit porterait intérêt et renforcerait le capital en raison composée.

thécaires, fondée par nous le 24 février 1830, devant Me Castel, notaire à Paris, disent :

« Art 69. — Les billets de caisse seront de 100, 500 » et 1,000 francs.

» Ils produiront un intérêt annuel de 3 0/0, payable » par année, le 15 janvier et le 15 juillet.

» Pendant la durée de la Société, le remboursement » des billets de caisse ne pourra pas être exigé.

» Ils seront reçus, ainsi que les intérêts courants, » en paiement des annuités résultant des contrats de » prêts. »

C'est donc au succès d'une pensée qui est *nôtre*, que nous travaillons en cherchant à donner à la lettre de gage, que nous reproduisons sous l'empire du décret du 28 février 1852, une vie qu'elle eût reçue depuis longtemps, quoique d'une manière moins parfaite, si nous avions été assez heureux pour faire approuver par le Gouvernement nos statuts du 24 février 1830.

Cependant nous reconnaissons que, si l'intérêt de 3 est plus en rapport avec le produit de la terre que celui de 3 65 (1), en revanche, ce dernier, par la facilité de le calculer, s'offre mieux à la circulation, et, par ce motif, doit être préféré, d'autant plus qu'il est assez rapproché du revenu de la terre pour que les plus exigeants s'en contentent.

Arrivant donc aux moyens de vivifier, de populariser la lettre de gage à l'intérêt de 3 65, nous rencontrons

(1) Si ce n'est toutefois quand la culture s'élève au rang d'une industrie. (Ci-dessus, page 16, note 2.)

un premier obstacle dans le peu d'avancement des idées de crédit en France. Aujourd'hui, elles ne permettent pas d'espérer qu'un papier portant intérêt et assis sur les meilleures garanties circule au pair, dès que l'époque de son remboursement n'est pas déterminée. *Si un immense avenir est réservé aux obligations gagées, émises sous une forme qui en rende la circulation sûre et facile, sous la forme du billet à intérêt* (1), c'est à la condition de vaincre la difficulté inhérente à l'absence d'une exigibilité incompatible avec leur nature.

Mais comment y parvenir ?

Un économiste dont le nom fait autorité, Cieszkowski, parlant des *billets à rentes hypothécaires*, dit : « Afin » de prévenir toute espèce d'objection préalable et afin » d'en établir la circulation *immédiate* et universelle, » l'offre *provisoire* d'un remboursement à quelques » jours de vue, comme, par exemple, pour les bank- » post-bills en Angleterre, ou même avec un délai plus » considérable encore, serait le moyen le plus efficace ; » moyen qui, n'étant lui-même que *transitoire* et *pré-* » *ventif*, n'entraînerait aucun inconvénient ;..... provi- » soire désirable seulement dans les commencements de » l'institution afin de familiariser avec ce *papier-gage* les » esprits par trop défiants, c'est-à-dire tant que la cir- » culation des billets n'aura pas pris racine, et surtout » tant qu'il n'y aura pas assez de comptoirs d'échange » particuliers dans toutes les localités, occupés à rem- » bourser immédiatement les billets de sommes infé-

(1) Ci-dessus, page 25, où l'on voit aussi, note 1, que nous réservons la dénomination de *lettre de gage* exclusivement au billet à intérêt.

» rieures pour cause de division en sommes moindres
» encore. »

Conformément à ce précepte, nous établirons, à l'aide d'un *provisoire,* la circulation *immédiate* de la lettre de gage ; ce qui en assurera infailliblement le succès, car la lettre, entrée dans la circulation au moyen de mesures temporaires, il s'en répandra, par la seule force des choses, une connaissance qui pénétrera chacun d'une vérité appelée à faire faire un pas immense à la science économique : c'est qu'un effet reposant sur une propriété immobilière, porte en lui-même sa valeur, non moins que l'or et l'argent, et n'a pas besoin d'être soutenu par l'expectative d'un remboursement, qui lui donnerait seulement en métal ce qu'il possède en fonds de terre ; c'est que cet effet, dès qu'il est productif d'intérêt, est véritablement un capital avec jouissance actuelle ; c'est enfin qu'un tel effet, dès lors que son chiffre et sa forme se prêtent à la circulation, l'emporte sur la monnaie métallique, improductive entre les mains des détenteurs.

Ces vérités une fois comprises, que faut-il pour que la lettre de gage, qui est, suivant l'expression de Ricardo, la *monnaie à l'état le plus parfait,* s'affranchisse de la promesse provisoire d'un remboursement et circule à l'égal de l'or et de l'argent ?

Rien, ces vérités comprises ; rien, ces vérités persuadant bien chacun que la lettre est un capital réel, *équivalent à l'or,* et même *supérieur* par cela qu'il porte intérêt.

Reste à décider du moyen propre à faire entrer immédiatement les lettres dans la circulation, à laquelle est attaché un si immense résultat.

Sera-ce en leur donnant au début, comme aux billets à rentes, une échéance facultative, qu'on supprimera quand on les croira suffisamment appréciées pour se faire accepter sans cet expédient? Non, parce qu'on ne peut se flatter que, de sitôt, elles le seront assez pour qu'il soit possible de faire succéder incontinent à des lettres à quelques jours de vue, des lettres sans époque d'exigibilité. Oui, l'utilité des lettres reconnue, attestée par le retard mis à faire usage des jours de vue, aiderait à une émission sans promesse de remboursement, mais y aiderait seulement, et ne suffirait pas pour en assurer le succès. Il ne serait du moins pas sage d'y compter, les idées sur le crédit n'étant pas assez avancées pour accueillir sans autre préliminaire les lettres dans leur état normal. Quelle que fût la connaissance de leur valeur qu'aurait répandue une première émission avec échéance, ce serait trop présumer que d'espérer les voir circuler, *ex abrupto*, dépourvues du talisman magique de l'exigibilité, et nous devons rechercher s'il n'est pas quelque tempérament de nature à le suppléer, à donner rapidement aux lettres la circulation qui en est la vie.

Si une échéance à la convenance du porteur est un puissant levier, il en est un autre non moins capable de faire circuler les lettres émises sans terme de paiement: c'est, malgré leur non-exigibilité, de les rembourser de façon à *concilier l'intérêt du porteur et celui de la Société*, de façon que *le porteur n'élève pas plus de doute sur leur réalisation que si elles en renfermaient la promesse formelle ;* c'est de procéder ainsi jusqu'au moment où, par suite des vérités économiques que nous venons d'énoncer, protégées par un remboursement à la convenance du porteur et de la Société, les lettres seront tellement courues qu'il suffira de les offrir pour les convertir en espèces. Le jour où, la circulation les absorbant, elles marcheront à l'égal de la monnaie, la conversion par la Société cessera naturellement d'avoir lieu ; elle s'arrêtera par la seule force des choses.

Pourquoi les billets de banque, ne portant point intérêt, sont-ils acceptés? Parce que le remboursement s'en effectue à la *satisfaction* des porteurs. Si donc le remboursement des lettres s'effectuait de même, il y aurait parité de raison pour qu'elles fussent acceptées comme le sont les billets de banque. Toute la question est donc de savoir si les lettres pourront être réalisées à la satisfaction des porteurs. Or, cette réalisation salutaire ne peut évidemment s'opérer qu'à l'aide d'une réserve métallique suffisante pour satisfaire à des remboursements propres à contenter le porteur sans embarrasser la Société, ce qui conduit à se demander si une semblable réserve est possible. Nous le saurons en en recherchant les éléments, en traitant de sa formation aux trois numéros ci-après :

I. **Chiffre de la réserve métallique.**

II. **Réalisation de la réserve métallique.**

III. **Perte et indemnité d'intérêts de la réserve métallique.**

Ces éléments établis, nous dirons :

IV. **Comment la réserve métallique remboursera les lettres.**

Et, comme il importe d'épuiser toutes les questions qui se rattachent à la réserve, de démontrer combien elle assurera le succès des lettres sans cesser d'être une mesure provisoire, nous dirons ensuite :

V. **Comment la réserve métallique fera circuler les lettres.**

VI. **Comment la réserve métallique pourra être supprimée.**

I.

CHIFFRE DE LA RÉSERVE MÉTALLIQUE.

Plus le fonds de l'amortissement annuel des lettres de gage sera considérable, plus il permettra d'en émettre sans surcharger la circulation. C'est pourquoi nous avons relevé deux erreurs qui, multipliant les opérations d'une longue durée (1), tendent à en arrêter l'essor. Mais un amortissement élevé ne permet pas seulement des émissions plus considérables, il astreint à une moindre réserve : on comprend, en effet, que les opérations d'une durée de vingt ans, amortissant annuellement plus de

(1) Ci-dessus, chapitre premier.

lettres que les opérations de cinquante à soixante ans, exigent un moindre capital de prévoyance.

Que nos observations soient accueillies; que les lettres soient créées afin de réaliser des prêts de vingt ans et au-dessous, les remboursements s'opéreront annuellement dans une proportion qui, si elle ne dispense pas d'une réserve métallique, en diminuera du moins la nécessité (1).

Quant à l'appréciation de son chiffre, nous la ferons par des analogies.

La réserve métallique de la Banque de France est du tiers de ses billets en circulation ; mais cette réserve n'a pas seulement pour but de subvenir, dans les temps de calme, à l'échange de ses billets, elle est destinée aussi à devenir une ancre de salut dans les temps d'orage, à satisfaire aux demandes de remboursement multipliées par la peur qui surgit de tout cataclysme.

Otez cette éventualité, ôtez toute cause perturbatrice, la réserve de la Banque aura pour unique objet de pourvoir au simple échange que le besoin de monnaie nécessitera; échange qui n'entraîne point un grand découvert, car, qu'un jour il sorte plus d'espèces qu'il n'en rentre, le lendemain, il en rentre plus qu'il n'en sort, et la balance se rétablit sans avoir trop penché ni

(1) Nous ferons observer, une fois pour toutes, que les deux erreurs que nous avons signalées n'importent aux lettres de gage qu'à raison de ce qu'elles portent à des opérations d'une durée qui laissent peu de ressort à l'amortissement.

Quand donc l'administration jugera que l'amortissement annuel peut, sans inconvénient, être réduit à de faibles proportions, il n'y en aura pas non plus à ce que les lettres réalisent des opérations dont la durée excédera vingt ans, si, malgré ce qui est dit, p. 15 à 23, il continue à s'en présenter.

d'un côté ni de l'autre. Et certes, si, oubliant que le différence de la sortie à la rentrée des espèces se balance à peu de chose près, nous évaluons la réserve destinée à y faire face, à 60 millions, au dixième des billets en circulation (1), nous l'évaluerons à une somme exorbitante, hors de proportion avec le découvert qu'entraînerait l'échange journalier des billets, en l'absence de toute éventualité désastreuse.

L'hypothèse dans laquelle nous venons de raisonner devient une réalité, quand elle s'applique au crédit foncier. Reposant sur le sol, n'ayant rien à redouter de l'orage des temps, recherchées non moins que les bons du Trésor (2), les lettres rentrées par suite de leur transformation en monnaie sortiront immédiatement par suite des demandes auxquelles leur utilité reconnue donnera lieu (3). Il y aura là un va-et-vient qui rétablira sans cesse la balance et n'occasionnera jamais qu'un faible découvert, inférieur, en tout cas, au dixième des titres en circulation, auquel nous venons d'évaluer celui occasionné par les billets de banque supposés à l'abri d'éven-

(1) Personne n'ignore que les billets de banque en circulation sont de 600 millions environ.

(2) Les capitalistes rechercheront d'autant plus les lettres,

1° Que le Trésor ne paie actuellement :

Que 2 0/0 par an pour les bons à cinq mois,

Que 2 1/2 0/0 par an pour les bons de six mois à un an ;

2° Que le gouvernement s'occupe de réduire la dette flottante. Voir le *Moniteur* du 14 février 1850.

3° Enfin, qu'une réserve métallique en assure le remboursement.

(3) Nous disons : *leur utilité reconnue,* parce que nous raisonnons ici dans l'hypothèse que, la réserve fonctionnant, la difficulté inhérente à l'absence d'une époque d'exigibilité disparaît, et que la lettre prend rang parmi les meilleurs papiers. Les nos IV et V, ci-après, entrent dans des développements qui ne laissent aucun doute à cet égard.

tualités, et on le conçoit : des titres qui portent intérêt rentreront évidemment moins que ceux qui n'en portent pas, et leur échange entraînera de moindres déboursés.

Ainsi, le découvert occasionné par le va-et-vient des lettres de gage n'exigera qu'une réserve métallique inférieure au dixième de la circulation.

Il est néanmoins une observation.

Oui, les lettres n'exigeront qu'une réserve inférieure, et de beaucoup inférieure au dixième de leur circulation, mais c'est à une condition, c'est qu'elles n'outre-passeront pas les besoins. Autrement, il n'y aurait plus égalité entre leur rentrée et leur sortie ; la rentrée excéderait la sortie de tout ce que la circulation rejetterait, et la réserve devrait s'augmenter d'autant. Donc, *nécessité de ne point créer de lettres au delà des besoins.*

A cet effet, au jour des nouvelles créations, on s'enquerra de la *recherche* des lettres, et il est facile de la connaître. Le plus ou le moins d'échanges effectués par la réserve est une pierre de touche qui en donnera sûrement la mesure : *beaucoup d'échanges, les lettres surabondent ; peu d'échanges, elles n'excèdent pas ce que permet la circulation.*

La recherche connue, on ne hasardera de nouvelles lettres qu'autant qu'elle donnera la conviction qu'il peut encore en être émises sans dépasser la ligne tracée par les besoins.

A ce moyen, l'équilibre qui doit continuellement exister entre les lettres et leur recherche sera maintenu, et il y aura certitude que la différence journalière de la rentrée à la sortie n'exigera qu'une réserve métallique inférieure au dixième des valeurs en circulation.

Après cela, si l'on voyait dans ce dixième approximatif une invariable mesure de la réserve, on tomberait dans une grave erreur.

Dans les premiers temps, la prudence veut peut-être que la réserve surpasse le dixième du papier circulant. Toutefois, cette exigence est peu inquiétante : les prêts ne se multipliant qu'à l'aide des années, ils ne seront point en grand nombre à l'origine, et la réserve, excédât-elle le dixième des lettres qui les réalisent, ne s'élèvera jamais beaucoup.

Dans les temps à venir, il n'en sera pas autrement. Conservant la facilité de réaliser les prêts avec des obligations, tant qu'elle le jugera utile, la Société reste maîtresse d'émettre plus ou moins de lettres, et le chiffre de la réserve ne peut conséquemment l'inquiéter.

Loin de là : les lettres étant progressivement émises en raison des besoins, comme nous venons de le voir, la circulation devrait les absorber, s'opposer à ce qu'elles demandassent leur remboursement à la caisse sociale et rendre celle-ci superflue. Cependant, il est probable qu'il en sera différemment. Quelque attention qu'elle apporte à ne créer de lettres que dans la mesure de leur recherche, l'administration ne le fera pas avec une rectitude si parfaite, qu'on ne doive s'attendre à ce que plusieurs s'adressent à la réserve pour en avoir des espèces. Celle-ci aura donc sa raison d'être. Seulement, n'ayant à satisfaire qu'à quelques exigences, elle ne sera pas obligée de se maintenir à un chiffre élevé; et, ces exigences diminuant selon que les besoins iront davantage trouver les lettres aux mains des détenteurs, la réserve diminuera également jusqu'au jour où, les lettres absorbées en totalité par la circulation, la Société ne la maintiendra que dans une proportion insignifiante, si elle ne la supprime en totalité.

En résumé,

La réserve métallique des lettres de gage, qui portent intérêt et sont à l'abri de toute éventualité, doit être énormément inférieure à celle des billets de banque, improductifs et exposés à l'incertitude des temps.

La réserve, destinée à pourvoir à la différence journalière de la rentrée à la sortie des lettres, n'aura, dans l'origine, qu'une importance relative; ce qui la renfermera dans les limites les moins étendues, l'émission du papier-gage étant, dans l'origine, des plus circonscrites.

Plus tard, la recherche donnant naissance aux lettres, et seulement pour les tenir à la hauteur des besoins et jamais au delà, il s'ensuivra que toutes nouvelles émissions seront absorbées par la circulation; que le service de la réserve se bornera à satisfaire à quelques demandes exceptionnelles, qui deviendront plus rares à mesure que la circulation s'emparera davantage des lettres, tellement qu'un jour, nous ne pouvons trop le redire, *ou la réserve ne sera maintenue que dans une proportion insignifiante, si elle n'est supprimée en totalité.*

II.

RÉALISATION DE LA RÉSERVE MÉTALLIQUE.

La réserve métallique du Crédit foncier, limitée aux proportions reconnues utiles au titre précédent, sera réalisée, et *par la somme consacrée annuellement à l'amortissement des lettres*, qui entre naturellement dans la réserve destinée à leur remboursement, et *par le fonds social*, qui, par cette réalisation, ne perdra rien du caractère de garantie supplémentaire que lui attribue l'article 4 des statuts, ainsi conçu : « Le chiffre des » actions doit être maintenu dans la proportion du » vingtième au moins des obligations en circulation. »

A quoi se réduit, en effet, une réserve métallique? A conserver des espèces en caisse. On ne pourrait voir ici une diminution du fonds de garantie qu'autant que l'emploi des espèces réservées exposerait à quelque perte. L'emploi, nous le connaissons : il consiste à pourvoir à l'échange des lettres, en monnaie; échange qui, évidemment, ne fait courir aucun danger à la réserve, et ne lui enlève même pas la disponibilité des espèces dont elle est composée. Mais, y aurait-il sacrifice d'une disponibité, il ne s'étendra pas au delà du montant de quelques lettres remboursées dans un jour; car, dès le lendemain, si ce n'est le jour même, elles seront remises en circulation, ce qui fera rentrer la réserve dans ses avances et ne la laissera pas exposée à un déboursé hors de mesure.

On ne peut, en effet, douter que le grand nombre de ceux qui veulent que leurs capitaux produisent, tout en conservant le caractère d'espèces en caisse, ne recherchent des valeurs à l'intérêt de 3 65, soutenues par un capital métallique qui en effectue le remboursement, quand les bons du Trésor, présentant de moindres avantages, sont si demandés, qu'une émission annuelle de 300 millions est souvent insuffisante (1).

Loin donc que le fonds social, servant, plus ou moins, à l'échange des lettres en monnaie, soit exposé à une perte, il ne l'est pas même à la privation d'une disponibilité tant soit peu importante. Et, le fût-il, qu'importe? Le fonds social a si peu besoin de se conserver disponible en totalité, que partie se place en contrats hypothécaires (2); et on pensera avec nous que l'employer à *faire descendre l'intérêt des prêts à* 3 65, est préférable à l'employer en contrats, quels qu'ils soient.

Il suit de ceci qu'il n'est qu'une question :

La somme consacrée annuellement à l'amortissement des lettres et le fonds social suffiront-ils à ce qu'exigera la réserve?

Cette question ne peut s'élever en présence des développements donnés au numéro précédent.

Si, au début, la prudence veut que la réserve excède le dixième des lettres en circulation, la prudence veut aussi que, au début, les lettres soient émises avec une

(1) Ci-dessus, page 27, et page 37, note 2, et ci-après n° V.

(2) Voir les comptes du *Crédit foncier*, des années 1857 et 1858.

circonspection qui n'obligera, pour les rembourser, qu'à une avance non pas proportionnée, mais inférieure et de beaucoup, à l'amortissement et au fonds social réunis.

Si, plus tard, la réserve doit augmenter avec les lettres, d'un autre côté, celles-ci n'étant émises qu'en raison des besoins, la circulation doit, par une conséquence naturelle, sinon les absorber en totalité, du moins restreindre leur rentrée, la réduire au-dessous de leur dixième, qui, nous l'avons vu au n° I, excède ce qu'exigera leur remboursement ; et un amortissement annuel, celui surtout venant des opérations d'une durée de vingt ans, — et un fonds social de 60 millions réalisable au fur et à mesure des besoins,— répondent, et bien haut, à une telle exigence.

Et combien ils y répondent !

La seule somme payée annuellement pour amortissement, dans un emprunt remboursable en vingt annuités, suffit pour y satisfaire. Ce point mérite d'être approfondi.

Le temps pendant lequel la Société est privée d'un capital remboursable en vingt annuités est, terme moyen, de dix ans. On comprend en effet que la Société rentrant, chaque année, dans un vingtième, cela équivaut à recevoir les vingt annuités en une fois, après dix ans. On comprend encore que les vingt annuités se répartissent naturellement entre les dix années, et assurent à chacune, abstraction faite des intérêts, deux annuités par an. Reste maintenant à dire comment cette rentrée suffira au remboursement des lettres.

Supposons l'emprunt d'un million ; et, pour la clarté de la démonstration, supposons-le remboursable sans intérêt, à l'annuité de 50,000 francs, affectée en totalité à l'amortissement du million. Dans cette hypothèse, que la Société, qui reçoit à la fin de chaque année, pour amortissement, deux annuités montant ensemble à 100,000 francs, ne rembourse pas immédiatement, mais seulement à la fin de l'année suivante, il arrivera qu'elle aura toujours en caisse 100,000 francs, un dixième du montant de l'opération ; car, au moment où elle se dessaisit du premier dixième, elle encaisse le second ; au moment où elle se dessaisit du second, elle encaisse le troisième, et ainsi des autres jusqu'à la fin de la dixième année, où une nouvelle opération, succédant à celle qui s'éteint, perpétue l'encaisse de 100,000 francs.

Procédant ainsi, la Société ne cessera pas d'avoir en mains un dixième du montant des lettres pour faire face aux remboursements résultant de leur va-et-vient ; lequel dixième se résout, chaque année, à partir de la seconde, en un amortissement réalisé jusqu'à concurrence d'autant (1).

Mais que disons-nous? La Société loin de cesser d'avoir en mains un dixième du montant des lettres, dispose d'une bien autre quotité des valeurs en circulation.

Oui, elle n'a toujours en caisse que deux annuités, que 100,000 francs que lui donnent annuellement,

(1) Quant à savoir si la Société sera autorisée à adopter ce mode de procéder, cela ne peut faire question, dès lors qu'il n'altère en rien les garanties qu'elle présente.

comme nous venons de le démontrer, les opérations d'une durée de vingt ans. Toutefois, comme les débiteurs ont le droit de liquider leurs emprunts quand bon leur semble, et qu'il y a autant de motifs pour en amener la liquidation avant qu'après la moitié de leur temps normal, la durée des opérations de vingt ans n'est réellement, terme moyen, que de dix ans (1). D'où résulte que la Société, employant, un an après leur rentrée, les 100,000 fr. à l'amortissement du million de lettres, le million diminue, chaque année, d'un dixième de sa somme totale ; de sorte que les deux annuités en caisse forment une réserve qui, toujours égale, toujours de 100,000 fr., grandit néanmoins relativement et proportionnellement au million, réduit, chaque année, de 100,000 francs, tellement qu'elle est :

La première année, du dixième de	1,000,000 fr.
La deuxième année, du neuvième de	900,000
La troisième année, du huitième de	800,000
La quatrième année, du septième de	700,000
La cinquième année, du sixième de	600,000
La sixième année, du cinquième de	500,000
La septième année, du quart de . .	400,000
La huitième année, du tiers de . .	300,000
La neuvième année, de la moitié de	200,000
La dixième année, de la totalité de	100,000

Que révèle ce tableau ?

Que l'opération se liquidant, en moyenne, à mi-terme de sa durée, possède une réserve :

(1) Que l'on consulte, au *Crédit foncier*, les liquidations prématurées, et l'on pensera avec nous que, en fixant à mi-terme la durée moyenne des opérations, nous la fixons plutôt au-dessus qu'au-dessous de ce qu'elle sera en réalité.

Dans les cinq premières années, inférieure au cinquième des lettres en circulation ;

A la sixième année, égale au cinquième ;

Dans les quatre dernières années, supérieure au cinquième.

Il s'ensuit que, en prenant un cinquième, à peu près, pour moyenne du fonds de prévoyance réalisé par l'amortissement, nous serons dans le vrai.

Reportons-nous maintenant à ce que nous avons dit, au numéro précédent, de la réserve des lettres de gage. Rappelons que nous avons démontré, par son analogie avec celle des billets de banque, qu'elle devait être de beaucoup inférieure au dixième de la circulation, et nous serons frappé de la facilité de la réaliser, en la rencontrant ici d'un chiffre supérieur.

A la vérité, c'est dans une opération d'une durée de vingt ans. Mais il est si évident, comme nous l'avons démontré au titre *Première erreur* : d'un côté, que cette durée suffit à la libération, et que aller au delà, c'est grever la famille d'éternelles charges ; d'un autre côté, que la Société elle-même gagnera en prêtant pour un temps dont la brièveté dégagera plus vite les propriétés et multipliera les opérations ; tout cela est si évident qu'il est vraisemblable que les emprunts se rapprocheront de notre cadre.

En tout cas, il est certain que les annuités des opérations limitées à vingt ans donnent un amortissement qui, restant pendant un an aux mains de la Société, met à même de pourvoir à la différence journalière de la rentrée à la sortie des lettres. Et avec quelle puissance ! Avec le double, en quelque sorte, de ce qui suffirait à la différence journalière des improductifs billets de banque, supposés affranchis, comme les lettres, de toute chance calamiteuse (1) !

Il y a dans l'amortissement une telle force multiple que même celui des opérations d'une durée de quarante ans suffirait à la différence journalière de la rentrée à la sortie des lettres. On voit, en effet, que les annuités d'un prêt de quarante ans, quoique fournissant un amortissement de moitié moins rapide que celui d'un prêt de vingt ans, nantirait encore la Société, chaque année, du dixième environ, qui, nous l'avons vu n° I, couvre le découvert occasionné par le va-et-vient des lettres en circulation.

Ensuite, viennent les 60 millions du fonds social. Appelés à équilibrer l'amortissement et les remboursements, jusqu'au jour où l'équilibre s'établira de lui-même, ils restent dans leur intégralité par la facilité de remettre en circulation les lettres remboursées, et sont un auxiliaire qui fait, de la réalisation d'une réserve métallique apte aux remboursements, un jeu pour une administration versée dans le mécanisme des annuités.

Au reste, dans la pratique, que sera-t-il demandé à la réserve ?

(1) Bien entendu que ce résultat ne sera obtenu en entier qu'au jour où les opérations seront assez multipliées pour que leur liquidation à mi-terme, en moyenne, égalisant les réserves, les ramène toutes à un cinquième des lettres en circulation. Jusque-là, la réserve pourra être moindre comme elle pourra excéder, et le fonds social établira l'équilibre.

Des lettres pour 1 million, nous supposons, seront d'abord émises. L'accueil qu'elles recevront engagera, seul, à émettre un deuxième, puis un troisième million.... Selon que l'expérience apprendra que les lettres circulent plus ou moins, l'émission en sera accélérée ou ralentie, de sorte que, tenues en rapport avec les besoins, elles ne donneront lieu qu'à de rares remboursements.

La question de suffisance de l'amortissement et du fonds social n'est donc point à débattre : tout vient l'attester.

Cependant, comme il est sage de se mettre en garde, même contre les éventualités les plus improbables, nous avons admis qu'il se pourrait que, malgré nos préceptes forcément mis à exécution sur la moyenne des exigences journalières passées, les demandes de remboursement d'un jour excédassent les disponibilités du jour, et nous avons introduit au n° IV ci-après : COMMENT LA RÉSERVE MÉTALLIQUE REMBOURSERA LES LETTRES, des dispositions préservatives contre les conséquences de ce cas exceptionnel.

III.

PERTE ET INDEMNITÉ D'INTÉRÊTS DE LA RÉSERVE MÉTALLIQUE.

Toute réserve métallique entraîne une perte d'intérêts que nous évaluerons à 5 0/0, taux légal de l'argent en matière civile; perte inévitable, que la réserve se réalise par la somme destinée annuellement à l'amortissement des lettres, qu'elle se réalise par le fonds social (1).

Quelque puissantes que soient les raisons de croire que bientôt les lettres de gage seront assez recherchées pour se passer de soutien ; qu'ainsi, la réserve devant n'avoir qu'une courte existence, la perte de ses intérêts mérite peu qu'on s'en occupe, cependant nous le ferons, comme si nos prévisions à cet égard devaient être démenties.

On se rappelle que les obligations délivrées aux emprunteurs, étant soumises aux fluctuations de la Bourse, peuvent tomber au-dessous du pair, et l'expérience est là pour l'attester ; que, dans ce cas, l'intérêt à 5, compris dans les annuités, croît en proportion de ce que l'emprunteur perd sur les obligations, tellement que l'intérêt légal devient lettre morte pour lui (2).

D'après cela, nous nous sommes dit que, tout en maintenant à 5 l'intérêt des prêts, nos lettres de gage, affranchies des variations de la Bourse, ayant cours au pair, aussitôt qu'une réserve métallique effectuera les remboursements demandés, amélioreront la position de l'emprunteur :

Premièrement, en ce que, les lettres se plaçant valeur nominale, il recevra toujours en entier le capital emprunté ;

(1) Ci-dessus, n° 11.
(2) Ci-dessus, page 9.

Secondement, en ce que, recevant intégralement ce capital, il ne verra pas l'intérêt à 5, qu'il paie, s'élever relativement à ce qu'il reçoit.

Eh bien! cet intérêt à 5, payé à la Société, suffit pour réparer, et au delà, la perte essuyée par la réserve métallique. On va le comprendre.

L'intérêt des lettres étant de 3 65, il ne faut, pour avoir de quoi les rembourser, que les prêter au même taux. Quand donc la Société les prête à 5, elle fait, prenant pour exemple une opération d'un million et d'une durée de vingt ans, un bénéfice représenté par la différence existante entre l'annuité d'un million prêté à 5, qui, pour vingt ans, est de :

Intérêt à 5	50,000 »	
Amortissement à 5	29,672 48	85,672 48
Commission.	6,000 »	

Et l'annuité d'un million prêté à 3 65, qui, pour le même temps, est de :

Intérêt à 3 65.	36,500 »	
Amortissement à 3 65. . .	34,819 45	77,319 45
Commission	6,000 »	

La différence . . . . (1) 8,353 03

constitue un boni que la Société percevra annuellement pendant vingt ans, ou plus tôt pendant toute sa durée, parce que, à une opération de vingt ans qui prend fin, succède une autre opération de même nature.

(1) La composition des deux annuités fait comprendre pourquoi la Société ne gagne que 8,353 fr. 03 c., et non la différence existante entre l'intérêt à

Maintenant, comparons à ce boni la perte à couvrir.

Cette perte, nous la connaissons. C'est celle d'une réserve qui est loin d'approcher du dixième des lettres en circulation (1). Mais, suivant notre principe de porter à l'extrême ce qui peut nous être opposé, admettons qu'il faille une réserve de ce chiffre, et voyons si les 8,353 fr. 03 c. n'en répareront pas le déficit.

Continuant à prendre un million pour unité, nous aurons un million de lettres en circulation, et une réserve, qui, d'un dixième, sera de 100,000 fr.

Si les 100,000 fr. restaient sans emploi, ils ne produiraient pas d'intérêts. Toutefois, comme le porteur qui veut être remboursé devra prévenir quelques jours d'avance (2), et que les caisses de l'Etat reçoivent les fonds du Crédit foncier et les lui remettent moyennant un court avertissement, les 100,000 francs ne resteront pas inactifs. Ils seront versés au Trésor, sauf à faire cadrer l'avertissement à donner par le porteur de la

5 et l'intérêt à 3 65, entre 50,000 fr. et 36,500 fr., différence qui est de 13,500 fr. On voit que, si,

D'un côté,		
La Société reçoit, pour intérêts, de l'emprunteur..........	50,000 »	
et ne paye, à ce titre, aux lettres, que.........	36,500 »	
D'où un excédant de..........		13,500 »
D'un autre côté,		
La Société paye, pour amortissement, aux lettres..........	34,819 45	
et ne reçoit, à ce titre, de l'emprunteur, que..	29,672 48	
D'où un déficit de..........		5,146 97
Différence égale..........		8,353 03

(1) Ci-dessus, n° I.

(2) Ci-après, n° IV, page 54.

lettre à la Société, avec l'avertissement à donner par celle-ci au Trésor, et cela de telle sorte que la Société rentre dans ses fonds, la veille du jour où elle veut rembourser la lettre.

De cette manière, les 100,000 fr. ne perdront pas la totalité de leurs intérêts, qui, calculés à 5, montent à. . . . . 5,000 fr.

Celui qu'ils tireront du Trésor viendra en déduction. Ne fût-il que de 2 1/2, il y aura à déduire. 2,500

Ce qui réduira la perte à. . . . . . . 2,500 fr. que le boni de 8,353 fr. 03 c. couvrira amplement.

Ne nous arrêtons pas là. Allons jusqu'à supposer que la réserve, au lieu d'être d'un dixième, soit du tiers des lettres en circulation, c'est-à-dire de 333,333 fr. 33 c. pour un million.

Leur intérêt à 5 est de. . . . 16,666 fr. 66 c.
Versés au Trésor, leur produit ne fût-il, comme ci-dessus, que de 2 1/2, il y aura à retrancher. . . 8,333 33

Et la perte se réduit à. . . . . 8,333 fr. 33 c. qui sera encore couverte par le boni, puisqu'il est de 8,353 fr. 03 c.

Par conséquent, la réserve fût-elle de l'énorme chiffre du tiers des lettres en circulation, c'est-à-dire égale à la réserve actuelle de la Banque de France, serait indemnisée de tout préjudice par l'excédant de l'annuité des prêts effectués à 5, sur l'annuité des prêts calculés à 3 65.

Nous ferons observer que nos calculs n'ont été poussés si loin que pour faire sentir combien il y a surabondance dans cet excédant; combien il est possible de le restreindre sans cesser de combler le déficit, et partant de réduire l'intérêt des prêts au-dessous de 5.

Pour qu'il en fût autrement, il faudrait que la réserve de lettres productives dût être supérieure à celle de billets de banque improductifs ; ce qui est impossible.

Irait-on cependant jusqu'à supposer la nécessité, au début, d'une réserve supérieure au tiers des lettres en circulation ? Il n'en résulterait jamais qu'un sacrifice insignifiant que couvrirait la surabondance de la différence des deux annuités, quand la réserve serait rentrée dans l'état normal.

Ajoutons que la différence des deux annuités, déjà surabondante dans l'opération de vingt ans, le devient davantage dans les opérations d'une plus longue durée. On voit, en effet, ci-après, page 97, note 1, que, plus l'opération se prolonge, plus augmente la différence de l'annuité à 5 à l'annuité à 3 65, plus, par conséquent, deviennent surabondants les moyens d'indemniser la réserve.

En résumé, quelle que soit la somme destinée à subvenir aux remboursements, il suffira, pour qu'elle reste intacte, que le taux des prêts excède assez 3 65 pour donner un boni qui, joint à l'intérêt qu'elle tirera du Trésor, équivale à 5 0/0 de son montant.

Et, qu'on ne le perde pas de vue, la Société, tout en trouvant le moyen de réparer la perte d'intérêt de la réserve, n'impose point une charge nouvelle à l'emprunteur, qui continue à payer une annuité telle qu'elle est établie aujourd'hui. La combinaison qui, sans aggraver un seul instant la position de l'emprunteur, permet de conserver en leur entier les fonds affectés aux remboursements, ne peut trop fixer l'attention. Rendant la réserve inaltérable, faisant ainsi circuler les lettres, valeur nominale :

Elle donne à l'emprunteur l'intégralité du capital emprunté;

Elle maintient l'intérêt au taux déterminé dans l'acte de prêt ;

Elle amène ensuite la baisse de l'intérêt, au fur et à mesure que la recherche des lettres amène la réduction de la réserve.

IV.

COMMENT LA RÉSERVE MÉTALLIQUE REMBOURSERA LES LETTRES.

Nous avons dit, ci-dessus, page 34 :

« *Pourquoi les billets de banque, ne portant point intérêt, sont-ils acceptés? Parce que le remboursement s'en effectue à la satisfaction des porteurs. Si donc le remboursement des lettres s'effectuait de même, il y aurait parité de raison pour qu'elles fussent acceptées comme le sont les billets de banque. Toute la question est donc de savoir si les lettres pourront être réalisées à la satisfaction des porteurs.*

Nous répondons :

Il est d'abord évident qu'un papier *portant intérêt* sera toujours accepté, quand son mode de remboursement conviendra. Tout gît donc dans ce mode. Or, celui qui perçoit un intérêt de son argent, et auquel il suffit d'une simple demande pour rentrer dans son capital, se trouvera certes remboursé à sa convenance, quand il le sera dans le temps nécessaire pour retirer du Trésor les fonds destinés à pourvoir à cette éventualité.

Telle est la position de tout possesseur de la lettre de gage à 3 65. Au moment où il demande son remboursement, la Société en fixe le jour aussi près que possible, et, par là, répond à toutes ses espérances.

Comment en serait-il autrement ?

S'il est de l'essence d'un papier portant intérêt de n'être pas réalisable à la minute, comme le papier qui n'en porte pas (car il ne peut produire qu'autant que le capital qu'il représente est utilisé de façon ou d'autre), il est aussi dans la nature des choses que quiconque veut intérêt de son argent soit intimement persuadé que le remboursement ne peut en être effectué, au plus tôt, que quelques jours après en avoir fait la demande. D'où il suit que, rentrant dans son capital après le temps indispensable pour le retirer de la caisse qui l'utilise, le porteur de la lettre de gage est grandement remboursé à sa satisfaction.

Les lettres atteignent ainsi leur double but : *intérêt* et *disponibilité ;* et disponibilité d'autant plus entière qu'elle donne lieu, au gré du créancier, à une conversion rapprochée ou éloignée même indéfiniment. Une telle facilité de réalisation d'un titre productif en place le porteur dans une position exceptionnelle, qu'il ne rencontrera dans aucune autre valeur.

Quant à savoir s'il pourra être satisfait à tous remboursements, nous venons de démontrer aux n[os] I, II et III, que les lettres étant émises avec une sagesse qui ne doit jamais perdre de vue, d'un côté, leur recherche, et, d'un autre côté, l'amortissement, ainsi que la portion du fonds social appelée à le renforcer, une surabondante réserve met à même d'opérer les réalisations auxquelles la circulation ne pourvoira pas.

Après cela, il n'y a plus qu'à examiner si les remboursements, *qui font courir de si grands dangers aux banques, exposent ici au moindre péril.*

Il est d'abord évident que, ne prenant aucun engagement, la Société ne met en jeu que l'intérêt qui lui commande de rembourser, afin de voir se réaliser l'espoir, fondé sur la réserve, de naturaliser en France la lettre à 3 65. Cette mise en jeu est d'une grande portée, ce n est pas nous qui le méconnaîtrons ; mais, pour n'encourir aucun discrédit, il suffit que, devant payer, quoiqu'elle ne s'y soit point obligée, la Société puisse, tout en répondant à l'attente rationnelle du créancier, laisser un intervalle de quelques jours entre la demande de remboursement et sa réalisation, et rien ne lui est mieux acquis que cette faculté, qui entre, nous venons de le voir, dans les prévisions du créancier. Cela lui garantit qu'elle ne sera jamais prise au dépourvu, et lui permet en même temps de ne pas laisser inactifs les fonds de la réserve, comme on l'a vu ci-dessus, au nº III.

Cette faculté lui garantit aussi que les demandes, excédassent-elles ses disponibilités du moment, ne pourront jamais la mettre dans l'embarras; car, maître de déterminer le jour des remboursements, elle peut le mettre en rapport avec ses disponibilités des jours suivants, d'où cette sécurité, bien précieuse, de n'être jamais exposée à leur faire faute, tout en ne nuisant pas au caractère de réalisation à volonté des lettres. Il en sera, à cet égard, comme des livrets de caisse d'épargne, qui ne perdent rien de la réalité de leur conversion, au gré des déposants, quoiqu'elle soit soumise à un avertissement préalable de plusieurs jours.

Au surplus, la Société ne peut jamais se trouver exposée à reculer un remboursement; à cela, plus d'un motif :

D'abord, la nécessité d'un avertissement détournera de s'adresser à la caisse sociale, avant de s'être adressé à la circulation, à laquelle il sera bien rarement fait un appel infructueux, puisque les lettres ne sont émises qu'en raison des besoins (1).

Ensuite, la circulation établie, on verra se fonder des comptoirs d'échange particuliers, parce qu'ils trouveront avantage à donner des espèces contre des titres productifs, susceptibles d'être revendus à ceux qui recherchent produit et disponibilité en même temps.

Enfin, la réserve métallique, qui dominera d'autant plus les remboursements que les deux considérations précédentes les réduiront davantage, ne permettra, en aucun cas, aux demandes, d'outre-passer les disponibilités.

Au reste, se présenterait-il, ce cas aurait seulement pour effet d'éloigner un remboursement un peu plus que dans l'état normal; ce qui serait sans inconvénient pour des billets portant intérêt, et dont il suffit que la réalisation soit assurée à un moment plus ou moins rapproché, pour que leur valeur primitive se conserve intacte (2).

Il est si vrai que le paiement des billets au taux de 3 65 peut être éloigné sans leur nuire, que tel est le sentiment des judicieux esprits qui s'en sont occupés. M. Bartholony, après avoir reconnu que : « la difficulté de faire accepter des billets au taux de 3 65 0/0 » serait de donner cours à ces billets comme à du numéraire, sans les rendre exigibles à toute heure, » donne, comme l'un des moyens qui peut-être en assurerait le

(1) Ci-dessus, n° I.

(2) Il en sera encore ici comme des caisses d'épargne, où la nécessité d'un avertissement préalable n'ôte rien à la valeur des livrets.

cours, *de les rendre exigibles, au plus tard trois mois après la demande du remboursement* (1).

A tout cela, à ce mode de remboursement, remplissant si parfaitement la double condition *de concilier l'intérêt du porteur et celui de la Société*, permettant, particularité sur laquelle nous ne pouvons trop appeler l'attention, *de pourvoir à des lettres non exigibles, à la satisfaction des porteurs, sans compromettre le moins du monde la Société ;* à ce mode de remboursement, disons-nous, le peu d'avancement des idées actuelles de crédit, qui fait qu'une valeur préférable à la monnaie métallique en est encore à naître, opposera bien certainement que, le remboursement n'étant point obligatoire, personne ne voudra des lettres. Nous répondrons au numéro suivant.

V.

COMMENT LA RÉSERVE MÉTALLIQUE FERA CIRCULER LES LETTRES.

La Société, forte de la réserve métallique établie aux n^{os} I, II, III ; forte de pouvoir payer dans les termes exposés au n° IV, il n'est rien de nature à s'opposer à la circulation des lettres, quoique émises sans exigibilité.

(1) *Questions administratives et financières*, par M. Emile de Girardin, page 31.

Prétendra-t-on qu'elles ne seront pas acceptées, quelle que soit la puissance de la réserve; que les remboursements devant s'effectuer seulement *de fait*, c'est-à-dire sans être obligatoires, nul n'y aura confiance, parce qu'une société qui effectue des remboursements, de fait seulement, est toujours maîtresse d'y couper court quand bon lui semble?

Voyons donc si c'est là, en effet, un obstacle réel à l'acceptation de la lettre sans époque d'exigibilité.

Quelques mots sur la différence de la lettre de gage au billet de banque serviront à écarter cette objection.

Les billets de banque ne circulent au pair qu'autant qu'ils portent, comme un *palladium*, ces mots sacramentels : *Payables à vue.*

Pourquoi?

Parce que le billet de banque, ne reposant pas sur un gage matériel et étant improductif, n'est qu'une valeur fictive, qu'une promesse de la part de la Banque de l'échanger contre une valeur réelle; qu'une promesse dont l'exécution, seule, mettra aux mains du porteur une chose effective, susceptible de produits. De là, nécessité d'un engagement de payer à vue, sans quoi le porteur ne pourrait ni saisir, ni rendre productive à l'instant la valeur dont le chiffre est au billet.

Mais combien il en est autrement de la lettre de gage!

Reposant sur ce qu'il y a de moins périssable, sur le sol, portant intérêt, sa conversion en espèces ne fait qu'en métamorphoser la nature : d'immobilière qu'elle était, elle devient mobilière. Une époque d'exigibilité ne serait donc utile qu'afin d'assurer cette métamorphose ; utilité purement accessoire, puisque, supposé que la conversion en espèces n'eût pas lieu à l'époque fixée, le titre ne perdrait rien, absolument rien de sa valeur intrinsèque : la conversion serait seulement retardée, elle aurait infailliblement lieu quand l'emprunteur dégagerait son immeuble, et jusque-là les intérêts seraient payés (1).

Cette différence entre le billet de banque et la lettre de gage bien saisie; l'échange réduit, par la nature des choses, à n'être qu'un accessoire dont la valeur réelle du titre est indépendante, on comprend que l'exigibilité soit moins impérieuse pour la lettre que pour le billet, et que, lui substituant un remboursement de fait, la Société soit fondée à penser que, dans sa position, elle trouvera des preneurs qui ne s'arrêteront pas devant l'absence d'une époque d'exigibilité.

Que résulte-t-il, en effet, de sa position?

Une surabondante réserve métallique;

Le plus grand intérêt, apparent aux yeux de tous, de l'employer à rembourser les lettres, afin de les accréditer.

(1) Pour nous faire parfaitement comprendre, nous oserons dire :

Si la Société venait à faillir (que le besoin de clarté nous fasse pardonner cette supposition!), les lettres seraient remboursées par les immeubles qui en forment la garantie et *ne peuvent disparaître;* tandis que, si la Banque manquait (le besoin de clarté sera toujours notre excuse), ses billets ne seraient payés qu'autant que l'actif, qui *peut disparaître*, le permettrait.

Prescrire ensuite ce que doit faire, pour utiliser ces moyens de succès, l'éminent administrateur qui gouverne le Crédit foncier de France, ce serait étrangement méconnaître l'habileté la plus incontestable. Quoique nous ne voulions pas encourir ce reproche, nous ne pouvons cependant résister au désir de faire apercevoir combien il sera facile de les mettre à profit.

La confiance si justement acquise à l'Institution fait déposer des millions dans sa caisse, à la condition d'en tenir compte à un intérêt convenu et de les rendre après un court avertissement : ce que lui permettent ses rapports avec le Trésor, où elle verse ses fonds à un intérêt supérieur à celui qu'elle paie, et qui les tient à sa disposition la veille du jour où elle doit les remettre aux déposants (1).

Eh bien, pense-t-on que l'administration ne puisse obtenir de substituer à quelques reconnaissances de dépôts, quelques lettres de gage sans époque d'exigibilité ; que la confiance qu'elle inspire ne suffise pas pour faire agréer cette substitution ; enfin, que, le produit des lettres étant supérieur à celui des reconnaissances, les déposants n'aillent eux-mêmes au devant de ses désirs, pleins de foi dans un remboursement opportun (2)?

(1) Les comptes rendus le 27 avril 1859 apprennent que le solde des dépôts était, au 31 décembre 1858, de 38,937,000 fr., et qu'il est aujourd'hui du double.

(2) L'intérêt des lettres étant supérieur à celui des reconnaissances, il y aura perte à donner des lettres au lieu de reconnaissances. Mais, comme la perte ne tombe que sur partie des reconnaissances, et qu'il y a gain sur les autres en ne leur servant qu'un intérêt inférieur à celui reçu du Trésor, elle se réduit à gagner moins sur des dépôts qui, du reste, sont des opérations de banque étrangères au crédit foncier, quoique autorisées par l'art. 2 des statuts du Crédit foncier de France.

Poser cette question, c'est la résoudre.

Procédant de cette manière, l'administration négocierait la lettre au nom de l'emprunteur, à qui elle en remettrait le montant, ou adresserait l'emprunteur au capitaliste, et commencerait ainsi la mise en circulation, qui se continuerait avec une facilité d'autant plus grande que la réserve, fonctionnant tous les jours, augmenterait la confiance dans une réalisation prochaine ou éloignée, si favorable aux porteurs. Eh! combien de motifs de penser que plus on avancera, plus les lettres circuleront facilement! Il ne faudra pour cela que répondre à l'attente des premiers preneurs, croyant à un remboursement aux conditions du nº IV. Cette attente réalisée, leur confiance, légitimée par l'événement, se propagera; les remboursements aidant, la confiance deviendra générale; nul ne mettra en doute ni la puissance de la Société, ni sa volonté de persister dans des conversions si conformes à son intérêt bien entendu, et les lettres circuleront sans que personne s'enquière si elles renferment une époque d'exigibilité. La marche ordinaire des choses le veut ainsi.

A l'appui, nous en appellerons à des faits qui donnent la mesure de ce qu'on doit attendre de remboursements opérés au su de tout le monde.

Le Gouvernement laisse à nombre de titulaires le choix de leurs successeurs; c'est là un simple usage dont rien ne garantit la durée. Eh bien! il suffit que les faits viennent journellement l'attester, pour que chacun croie à sa continuité, agisse dans cette pensée, et, persuadé qu'il pourra à son tour user de la faculté de choisir son successeur, ne craigne pas d'acheter une charge qu'un tel usage favorise : c'est là un exemple frappant de ce que peuvent les faits accomplis journellement.

Comme il y a parité de raisons pour qu'il en soit de même dans tous autres cas où apparaissent des faits qui se répètent habituellement, on doit regarder comme certain qu'il suffira de remboursements antérieurs pour qu'on croie aux remboursements futurs, et que les lettres, environnées du prestige de réalisations opérées, soient acceptées dans la conviction de pouvoir les convertir en espèces, s'il y a utilité : conviction qui ira jusqu'à les faire circuler indéfiniment, car « il suffit, dit *Cieskowski*, que » chacun soit persuadé de la possibilité de convertir un » billet dans un délai connu, pour que nul ne procède à » sa conversion (1). » Cela se conçoit : la confiance qui l'a fait accepter par l'un le fait également accepter par l'autre et l'empêche de revenir à la caisse qui l'a émis.

Et quel autre exemple n'avons-nous pas de ce que peut la confiance !

Après les événements du 24 février 1848, où l'on vit chacun se précipiter à la Banque pour être remboursé, un décret du 15 mars la dispensa d'acquitter ses billets avec des espèces.

Le même décret décida que les billets seraient reçus comme monnaie légale. Or, tout le monde sait que cette dernière disposition ne recevait d'exécution qu'autant que les billets étaient donnés en paiement; que les créanciers seuls que l'on désintéressait se trouvaient for-

(1) *Du crédit et de la circulation*, page 170.

cés de les prendre au pair, et que le décret perdait son autorité lorsque les billets demandaient à s'échanger contre espèces; que, dans ce cas, leur négociation avait lieu à un taux déterminé entre les parties.

Aussi, qu'arriva-t-il ?

Le décret rendu, tout le monde étant sous l'empire des craintes qui l'avaient nécessité, les billets se négocièrent avec perte.

Mais quelques mois ne s'étaient pas écoulés, que la dépréciation qui suivit l'interruption des remboursements avait cessé. Les billets avaient reconquis leur valeur normale longtemps avant le décret du 6 août 1850, qui abrogea celui de suspension et autorisa la Banque à reprendre le cours de ses anciens errements.

Ainsi, la Banque de France, par la grande confiance qu'elle sut inspirer peu après le 15 mars 1848, avait fait mentir le principe qui veut que tout papier auquel n'est attaché ni intérêt ni gage matériel soit payé à présentation. Ses billets furent acceptés au pair, comme au jour où elle les remboursait : la circulation leur rendit la conversion en espèces que le décret leur enlevait.

Dira-t-on que la persuasion où l'on était que bientôt la Banque rouvrirait sa caisse fut la cause de ce phénomène? Soit, si l'on veut. Mais, comme la persuasion de la réouverture était et ne pouvait être qu'un effet de la confiance générale en la solidité de la Banque, il reste toujours que la confiance a fait circuler, au pair, un papier *stérile, dénué de toute garantie intrinsèque et non remboursable ;* circulation qui certes aurait continué, quand même la Banque eût repris ses paiements sans un décret qui l'ordonnât, et *de fait* seulement.

A plus forte raison en sera-t-il des lettres de gage, comme il en a été des billets de banque !

Qui doutera que la confiance à laquelle on dut un tel phénomène, que cette même confiance en une institution comme le Crédit foncier de France, ne fasse un jour circuler au pair son papier *productif d'intérêts à* 3 65 *et pourvu intrinsèquement d'une impérissable garantie matérielle*, ne fût-il pas plus remboursable que celui de la Banque en 1848, 1849 et 1850, et remboursé *de fait* seulement?

Si ce résultat de la confiance est un prodige pour les billets de banque, il ne sera qu'un fait naturel pour les lettres de gage.

En conséquence, point de difficultés sérieuses résultant de l'absence, sur les lettres, d'une promesse d'y satisfaire à une époque fixe : la réserve métallique et le crédit de la Société en triompheront.

S'évanouissent donc complétement jusqu'à l'ombre des obstacles que pourrait élever l'absence des véritables notions du crédit, en ce qui concerne les lettres de gage. Jusqu'à ce que le temps ait fait prendre à ces titres la place qui leur convient, la réserve métallique servira à en répandre l'usage. Emis d'abord en petit nombre, leur remboursement facilitera de nouvelles émissions, qui, leur utilité les faisant tous les jours rechercher davantage, seront suivis d'autres émissions, et finalement d'une circulation qui n'aura de bornes que celles que la prudence de l'administration saura y mettre, ou plutôt que la valeur du sol qui leur sert de garantie.

Hâtons-nous d'ajouter que, en présentant ces moyens de mise en circulation des premières lettres, nous ne l'avons fait que pour épuiser notre sujet ; que nous sommes, au contraire, intimement persuadé qu'on ne sera point obligé d'y recourir ; que, même, des lettres de gage à l'intérêt de 3 65, loin d'être un embarras pour les emprunteurs, pourront bien se voir dans la position des bons du Trésor, dans celle de l'or et de l'argent, qui, en cas d'insuffisance, sont recherchés avec offre d'un *agio*. Aussi, l'une des autorités que nous avons déjà citées dit-elle : « Toute la question se réduit » à savoir comment le public, comment tous les gens » qui gardent chez eux des sommes qui ne leur produi- » sent absolument rien, accueilleraient des bons de » 100 francs, à l'intérêt de 3 fr. 65 c. par an, 1 cen- » time par jour, — *valant mieux que la monnaie,* » *car ce serait une monnaie qui, lorsqu'elle serait en* » *caisse, produirait des intérêts.* Notre conviction pro- » fonde à cet égard est que l'émission de ces bons ne » rencontrerait qu'une difficulté, celle de suffire au » nombre des demandes (1). »

Cette manière de voir est partagée, du moins jusqu'à concurrence d'une certaine somme, par un homme qui, familier avec toutes les grandes questions de fi-

(1) *Questions administratives et financières,* par M. Émile de Girardin, pages 38 et 39

nance, exerce la prépondérance la mieux méritée sur tout ce qui s'y rattache. M. BARTHOLONY, parlant de bons à l'intérêt de 3 65, dit : « .... convaincu » qu'une fois répandus dans la circulation pour un ca- » pital limité, — 300 ou 400 millions, je suppose, — » ils s'accommoderaient si bien aux convenances du » public (car ce serait une monnaie portant intérêt) que » le Trésor ne serait, pour ainsi dire, jamais appelé » à des remboursements...... Je le répète, une émis- » sion de 300 ou 400 millions de bons répandus dans » la circulation n'entraînerait, selon moi, aucune chance » d'embarras possible (1). »

Il suffira, pour que tout se passe ainsi, que les statuts autorisent la Société à rembourser les lettres de gage à 3 65, quand et au moment où elle le jugera convenable.

Cette faculté ne laissera aucun doute qu'elle n'ait pour objet l'emploi de la réserve, tel qu'il est décrit ci-dessus au n° IV, parce qu'il apparaîtra à tous les yeux que le succès des lettres dépend de leur remboursement. Bien peu alors les refuseront, ou plutôt nul ne sera mis dans le cas de les refuser, leur émission progressive devant, selon toute probabilité, être absorbée dans l'origine par ceux qui déposent au Crédit foncier ou qui placent au Trésor. Plus tard, l'exercice de cette faculté fera affluer la masse de ceux qui se fatigueront d'avoir des sommes improductives, et se réalisera cette conviction, d'une imposante autorité : « *que l'émission ne » rencontrera qu'une difficulté, celle de suffire au nombre » des demandes.* »

(1) *Questions administratives et financières*, par M. Émile de Girardin, page 34.

VI.

COMMENT LA RÉSERVE MÉTALLIQUE POURRA ÊTRE SUPPRIMÉE.

On sait que, composée de l'amortissement tiré des annuités et d'une partie du fonds social, la réserve métallique n'est que provisoire, qu'elle est établie uniquement pour rembourser les lettres jusqu'au moment où, leur valeur et leur utilité appréciées, elles seront absorbées par la circulation, de telle manière que leur conversion par la caisse sociale deviendra tout à fait inutile. Or, devant la recherche progressive des lettres, amenée par les mesures dont nous venons de tracer l'ordre et la marche, nul ne doutera qu'un titre d'une coupure uniforme, garanti comme il n'est donné à aucune valeur de l'être, productif d'intérêt, ne soit un jour absorbé par le grand nombre de ceux qui le préféreront à des espèces improductives, qu'ainsi, à ce moment, il ne soit inutile de pourvoir à sa réalisation.

Quelles explications alors donner sur l'à-propos de la suppression de la réserve? N'est-elle pas une suite naturelle de ce que, la circulation des lettres étant générale, les demandes de remboursement n'auront lieu qu'à de rares intervalles et n'exigeront plus qu'il leur soit affecté spécialement une partie du fonds social, ni que l'amortissement fourni par les annuités reste, pendant une année, à l'état de fonds de prévoyance, comme il est dit au n° II?

A ce moment, à ce jour où les lettres seront généralement recherchées, il n'y aura évidemment plus à pourvoir qu'au très-petit nombre de celles qui, par exception, n'auront pas trouvé dans la circulation la menue monnaie nécessaire aux appoints. Or, le compte habituel de la Société avec le Trésor suffira pour y satisfaire. De quoi s'agira-t-il en effet? de quelques rares remboursements. Mais, par le seul cours des choses, l'avoir du compte courant sera considérable; il sera de beaucoup supérieur aux quelques réalisations qui pourront être demandées; et, les espèces sorties un jour rentrant le lendemain par la remise en circulation des lettres payées (1), il pourvoira largement aux nécessités de l'époque, et il y suffira d'autant mieux qu'une disposition des statuts l'augmente de sommes dont une partie pourra, un jour, être employée à amortir les lettres. Voici comment :

L'article 2 dit : « La Société est autorisée à recevoir, » avec ou sans intérêts, des capitaux en dépôt. Ces » capitaux pourront être employés jusqu'à concurrence » de la moitié de leur montant, à faire, suivant des » conditions délibérées en conseil d'administration, et » pour un terme qui n'excédera pas quatre-vingt-dix » jours, des avances sur les obligations émises par la » Société. »

La Société étant autorisée, comme on le voit, à employer la moitié des capitaux déposés, en avances

(1) Si, comme nous l'avons dit, page 37, note 2, pages 41 et 42, la remise en circulation des lettres est une suite naturelle de ce que la réserve les remboursera, à plus forte raison en sera-t-il ainsi à l'époque où leur recherche permettra, tout au plus, à quelques demandes de se montrer par-ci par-là.

sur les obligations, pourra employer cette même moitié en avances sur les lettres quand l'émission des obligations aura cessé, quand les lettres viendront au lieu et place des obligations. Et, comme les lettres circulent au pair, puisqu'une réserve métallique réalise celles qui veulent l'être, il y a certitude que les avances ne courent aucun risque et iront par conséquent, pour chaque lettre, jusqu'à la somme nécessaire à son entier remboursement. La plus simple modification dans les termes de l'article 2 lèvera toute difficulté. Seulement, les avances devant rentrer dans quatre-vingt-dix jours, il y aura nécessité de remettre les lettres remboursées en circulation dans les quatre-vingt-dix jours qui suivront leur rentrée, nécessité à laquelle il sera facile d'obéir: la prodigieuse recherche à laquelle les lettres seront parvenues à cette époque le garantit de reste.

La moitié des dépôts sera conséquemment une réserve naturelle qui viendra s'ajouter au compte courant ordinaire du fonds social, et le mettre en position de changer en menue monnaie, comme il est dit ci-dessus, nº IV, les quelques lettres que la circulation n'absorbera pas, quoiqu'elle soit généralement établie.

En admettant qu'un jour la réserve pourra être supprimée, nous avons tenu à démontrer qu'il resterait de quoi continuer à rembourser. On conçoit que cela était indispensable dans les idées actuelles, préconçues sur la nécessité de la réalisation de tout billet de circulation. Il se peut que, à une époque plus avancée, il en soit autrement; que les lettres circulent, *sans qu'on se préoccupe de leur remboursement*. Mais aujourd'hui, si l'on veut les faire accepter, il n'est pas possible de raisonner dans un ordre d'idées que le temps seul autorisera : il faut faire voir que, si, plus tard, leur recherche en rend la conversion superflue, la Société sera néanmoins en position de l'effectuer ; ce qui aura l'avantage de lui conserver un prestige dont les lettres ne peuvent que bien se trouver, quel qu'en soit le crédit, et cela sans lui imposer aucun sacrifice, puisque le compte courant ordinaire du fonds social au Trésor, enrichi de la portion disponible des dépôts, suffit et au delà pour satisfaire aux réalisations, après la suppression de la réserve (1).

Il se peut, avons-nous dit, que, à une époque plus avancée, les lettres circulent *sans qu'on se préoccupe de leur remboursement*. Nous ajouterons qu'il ne sera pas nécessaire de l'interdire. Il s'arrêtera de lui-même.

Les lettres, en effet, n'ont besoin que d'être comprises. Quand elles le seront, elles ne circuleront pas seulement à l'égal de la monnaie, elles lui seront préférées : leur valeur réelle, leur produit et leur utilité en sont les garants. Les avantages attachés à leur possession feront alors que nombre de caisses les échangeront contre de la menue monnaie, valeur nominale au

(1) Si l'on demandait pourquoi cette distinction entre les remboursements effectués par la *réserve* et les remboursements effectués par le *compte courant ordinaire du fonds social et des dépôts*, nous rappellerions que, lorsqu'il y a réserve, il y a perte d'intérêts, et, par suite, nécessité, pour la couvrir, de tenir le taux des prêts au-dessus de 3 65 (ci-dessus, n° III), tandis que, si le compte courant ordinaire suffit aux remboursements, il n'est point de perte d'intérêts, point d'obstacles à ce que le taux des prêts descende à 3 65.

moins (1); que la recherche en sera telle qu'aucunes ne s'adresseront aux facilités de réalisation inséparables de la riche position de la Société.

A ce moment, il est de toute évidence qu'il n'y aura plus de remboursements effectués que par l'amortissement; que même les réalisations par le compte courant ordinaire du fonds social au Trésor n'auront plus de raison d'être, et que, prendre en conseil d'administration un arrêté qui en prononçât l'abolition, ce serait décider en droit ce qui serait déjà décidé en fait (2), et d'autant mieux décidé qu'il n'aura été et ne sera porté aucune atteinte à la faculté de les demander et de les opérer aux termes du n° IV.

(1) Ci-dessus, pages 31 et 58, où l'on a déjà parlé des comptoirs d'échange.

(2) Ce que nous avons dit des remboursements s'applique aux demandes qui en seront faites dans les succursales de la Société, comme à celles qui arriveront directement au siége social. Rien de plus rationnel que de tout disposer pour que les unes et les autres reçoivent indistinctement le même accueil.

Quant au paiement de l'intérêt des lettres, il suffit, pour l'assurer, de dispositions semblables à celles qui régissent actuellement l'intérêt des obligations foncières.

SUITE DU CHAPITRE II.

Récapitulation.

Ce qui est relatif à la réserve métallique étant établi aux nos I, II, III, IV, V et VI, nous résumerons les points déjà traités dans ce chapitre.

Nous rappellerons que le Crédit foncier a pour but des prêts à bas intérêts, dont il facilite la libération au moyen d'annuités; que, pour l'atteindre, nous créons la lettre de gage à l'intérêt de 3 65, et que toute la difficulté est de la faire accepter par la circulation, dans l'état peu avancé des idées actuelles sur le crédit.

Afin de surmonter cette difficulté, qui tient à l'absence d'une exigibilité incompatible avec la nature des opérations (1), qu'a-t-il été fait ?

Nous avons vu que la lettre de gage à l'intérêt de 3 65 étant encore inconnue, et l'usage seul pouvant faire apprécier l'utilité d'un papier garanti par le sol et productif d'un centime par jour pour un capital de 100 francs, nous aidons à leur succès, au moyen d'une réserve métallique dont nous avons démontré la vérité en en exposant les éléments (2); réserve qui, en effectuant les remboursements demandés (3), familiarisera, avec le papier-gage, les esprits qui n'y croient qu'autant qu'il peut incontinent se convertir en espèces près de la

(1) Ci-dessus, page 31.
(2) Ci-dessus, nos I, II et III.
(3) Ci-dessus, n° IV.

caisse d'émission; réserve qui, par des remboursements effectués à la satisfaction des porteurs, assurera la circulation de ce papier (1).

Nous avons vu que la réserve métallique diminuera continuellement en raison de la recherche des lettres, dont l'augmentation progressive rendra, un jour, toute réserve inutile; que, devenue inutile, le fonds social cesse d'y participer, et que cependant la Société ne sera pas moins en position de rembourser les quelques lettres qui, par exception, lui reviendront ; ce qu'elle fera, au moyen de l'avoir de son compte courant et de la partie disponible des sommes dont elle est dépositaire, et cela quand les lettres, malgré leur place dans la hiérarchie monétaire, n'obtiendront pas la menue monnaie qu'exigeront les appoints (2).

Voilà ce que nous avons vu jusqu'à présent, où l'on trouve :

Création d'une réserve métallique qui n'est exposée à aucune perte d'intérêts, et qui prend sa source dans le mécanisme seul de l'Institution ;

Création d'un mode de remboursements qui satisfait le porteur sans faire courir aucun risque à la Société, sans la mettre jamais à la merci des événements ;

Enfin, *Voie d'exécution qui range la réserve parmi les mesures temporaires, sans que les lettres perdent rien de la séduction attachée à une réalisation facile.*

Combien le succès de la lettre à 3 65 ne s'ensuit-il pas !

(1) Ci-dessus, n° V.

(2) Ci-dessus, n° VI.

D'une mesure uniforme, garantie comme il n'est donné à nulle valeur de l'être, productive d'intérêts, la lettre, délivrée à l'emprunteur, sera acceptée par quiconque veut produit et disponibilité, dès qu'il a connaissance qu'une réserve métallique en opère la réalisation aux termes du n° IV.

Quand, après, il trouvera, de son argent, un emploi qui l'engage à se défaire de la lettre, il l'offrira comme espèces, avant de recourir à la caisse sociale, et, bien certainement, les avantages : *garantie, produit, disponibilité*, qui l'ont fait accepter une première fois, la feront accepter une seconde, puis une troisième fois, et cela indéfiniment.

Que résultera-t-il de cette circulation continue ?

La création d'un besoin. Il arrivera ici ce qui arrive à toute innovation d'une utilité générale : mise en pratique, elle fait naître un nouveau besoin ; de même un usage prolongé de la lettre la classera parmi les valeurs indispensables.

Le besoin de la lettre productive, avec réalisation rapprochée ou éloignée au gré du créancier, étant senti généralement, que faut-il pour la rendre *populaire ?* La conviction que, malgré sa non exigibilité, chacun rentrera dans ses fonds, à un instant rapproché ou éloigné, à sa volonté ; conviction qui ne manquera à personne, au vu des remboursements opérés.

Notre marche créant le besoin de la lettre, la soutenant d'une réserve métallique, en assure donc l'avenir, et un avenir qui resplendira un jour dégagé de toute réserve, parce que, une fois créé, le besoin fera tellement rechercher les lettres, qu'il viendra un jour où la Société pourra, sans une réserve, leur conserver le prestige du remboursement.

C'est ainsi qu'on arrivera au moment où, chacun comprenant tout ce qu'il y a de richesse dans le papier-gage circulant, non comme valeur de bourse, mais comme signe monétaire, les lettres *feront office de monnaie productive.*

C'est ainsi qu'on arrivera à ce que l'*intérêt des prêts*, fixé d'abord à 5 0/0 pour parer à la perte inséparable d'une réserve métallique, ne tardera pas à être réduit, et le sera, à mesure que la recherche des lettres rendra la réserve moins nécessaire, de telle sorte que la réserve et l'intérêt décroîtront en même temps : la réserve, pour finir par disparaître entièrement ; l'intérêt, *pour ne s'arrêter qu'à* 3 65.

Ce double et grand résultat des lettres marchant, un jour, de pair avec la monnaie, si elles ne lui sont préférées, et du taux des prêts suivant la progression décroissante de la réserve, et finalement descendu à 3 65 ; ce double et grand résultat est infaillible, ou (notre profonde conviction nous fera pardonner ce langage) la lumière arriverait en vain aux yeux de tous, et chacun s'obstinerait à ne pas voir.

Conséquences des Lettres de gages à l'Intérêt de 3 65.

Les conséquences de l'intérêt réduit à 3 65 par les lettres de gages ne sont pas seulement grandes pour l'emprunteur et la Société, elles le sont plus encore peut-être pour la prospérité générale. Les exposer sous l'un et l'autre rapport est donc un complément obligé de notre travail ; rassemblées, elles appelleront mieux l'attention de l'administration actuelle, et lui diront mieux aussi que, pour atteindre un but désiré par tous et voulu par la plus auguste pensée, elle doit consacrer ses hautes lumières à remédier aux imperfections de notre travail.

Quelles ne seront pas, en effet, ces conséquences !

3 65 étant devenus la mesure de l'intérêt payé aux capitaux garantis immobilièrement, il ne sera pas un emprunteur, un débiteur, qui ne voulussent en profiter. De là, une masse d'opérations qui tranformera la dette hypothécaire, en en réduisant les charges.

Non, et disons-le pour que tout ce qui se rattache au Crédit foncier soit bien compris, non que cette transformation change en rien le chiffre de la dette inscrite. Si des débiteurs parviennent à se libérer au moyen des facilités que leur offre l'Institution, d'autres emprunteront, et, les nouveaux emprunts remplaçant ceux qui sont éteints, le chiffre des dettes ne diminuera pas. Mais peu importe, ces nouveaux emprunts, étant contractés à bas intérêt, ne mettront pas moins à même d'en destiner fructueusement le capital à des travaux utiles, et la dette, quoique restant entière, tendra toujours à enrichir la terre.

Bien mieux : il est possible que la dette inscrite s'augmente, et ceci répondra à ces détracteurs qui se font une arme de cette augmentation ; il est possible, disons-nous, que la dette inscrite s'augmente, les facilités de libération devant activer et non restreindre la mobilisation du sol.

Qu'en conclure ?

Que le Crédit foncier, vivant par la lettre de gage à 3 65, mène à utiliser, dans une large proportion, un capital stagnant. Or, un tel résultat est précisément ce qui le recommande davantage. Il n'est rien tant à désirer que de voir le sol circuler en titres représentatifs de sa valeur. C'est donner la vie à une puissance inerte, c'est augmenter la richesse du pays. « La prospérité » et la richesse d'un peuple, disait M. le BARON DE » TOCQUEVILLE, président de la Société d'agriculture » de Compiègne, sont en raison directe de l'impulsion » plus ou moins rapide donnée à ses capitaux, et une » nation qui, comme l'Angleterre, ne possède qu'un » milliard, ou 400 millions comme l'Amérique, est plus » opulente avec ce faible capital qui ne se repose ja- » mais, que la France avec ses quatre milliards, dont » une portion considérable est dormante et improduc- » tive (1). »

(1) Que donne la terre ?

Un revenu.

Que donnerait-elle, ou plutôt que ferait-elle gagner, servant de garantie à des titres portant intérêt à 3 65 ?

De quoi doubler, tripler . . . . . le revenu de la terre, par l'emploi des capitaux représentés par ces titres ; emploi dont la marge est si large, en présence des produits pour lesquels la France est encore tributaire de l'étranger.

Telle est la magie de la mobilisation du sol.

Et qu'on ne s'y trompe pas : il ne s'agit pas ici de la mobilisation qui tend à provoquer davantage le morcellement de la propriété foncière. Celle qu'on obtient avec des lettres à 3 65 produit l'effet contraire, puisqu'elles exonèrent de la nécessité de vendre, et augmentent l'amour du sol, en mettant à même d'en tirer un plus riche parti.

Et, quel que soit le rapport sous lequel on envisage la lettre à 3 65, dans quelle proportion la richesse individuelle et générale ne sera-t-elle pas augmentée !

Nous savons que la Société, prêtât-elle au taux légal, mais en des valeurs au pair, avantage les emprunteurs, par cela que les valeurs au pair leur donnent intégralement le montant de leurs emprunts, et que l'intérêt qu'ils paient n'est alors réellement que de 5 (1).

Nous savons que, dans ces conditions, le prêt d'un million remboursable en vingt annuités, tout en avantageant l'emprunteur, fait gagner annuellement à la Société 8,353 fr. 03 c., et que ce gain lui est acquis, autant de fois qu'elle compte de millions d'opérations (2). D'où, par année :

Pour 1 million.............	8,353	03
Pour 100 millions...........	835,303	»
Pour 1 milliard..	8,353,030	»
Pour 8 milliards, montant de la dette effective............... ..	66,824,240	»

Ce boni, que la Société obtient, parce qu'elle reçoit 5 du capital qu'elle prête, tandis qu'elle ne dépense que 3 65 pour les lettres qu'elle délivre, s'amoindrit à mesure que la diminution de la réserve métallique permet de réduire au-dessous de 5 l'intérêt des prêts, et, par là, la différence dont elle profite.

(1) Ci-dessus, n° III.

(2) Ci-dessus, n° III, où nous avons pris pour exemple une opération d'une durée de vingt ans, en nous contentant d'ajouter, page 53, que des opérations plus longues donneraient au delà de 8,353 fr. 03 c.

L'emprunteur est alors dégrévé, au fur et à mesure que la réserve décroît, de tout ce dont le boni s'amoindrit ; et, quand la suppression de la réserve permet de réduire l'intérêt à 3 65, il est dégrévé de tout le montant des sommes portées au tableau précédent, proportionnellement au capital dont il est débiteur. Si, par exemple, il doit 100,000 fr., dixième d'un million,

dont l'intérêt à 5 est de	5,000 fr.	» c.
il est dégrévé du dixième de 8,353 03, de	835	30
et ne paie plus, pour intérêts, que.. .	4,164 fr.	70 c.

Et remarquons que ce dégrèvement est ici présenté dans l'hypothèse que les obligations sont au pair. Si elles étaient au-dessous, si par conséquent elles rendaient moins que le capital emprunté, les lettres feraient gagner à l'emprunteur, outre les sommes ci-dessus, la portion du capital que les obligations lui eussent fait perdre.

Ce n'est pas tout : les lettres n'ont pas pour unique résultat des dégrèvements de ce chiffre.

Pour qu'il en fût ainsi, il faudrait que les obligations pussent ramener au taux de 5 la dette hypothécaire, dont les charges, en moyenne, sont de 8 0/0. Dans ce cas, les lettres ne l'emporteraient effectivement sur elles que de la différence existante entre l'annuité à 5 et l'annuité à 3 65, présentée par le tableau ci-dessus. Mais les obligations ne pourront jamais transformer la dette hypothécaire en une dette au taux de 5. Nous nous bornerons à en donner pour motif qu'il est difficile d'admettre que des prêts au taux auquel le Crédit foncier traite actuellement, grevés d'une commission et réalisés en obligations qui exposent au sacrifice d'une partie du capital, réduisent jamais, même au taux de 5, une partie notable, bien mieux, une partie quelconque de la dette inscrite. Aux conditions actuelles, le crédit foncier améliore sensiblement la position présente des débiteurs, mais pas au point de ramener les prêts à l'intérêt de 5.

Combien la transformation opérée par les lettres à 3 65 sera différente !

Émises au fur et à mesure des besoins, soutenues par une réserve métallique, elles ne courent d'abord aucun risque de baisse, par conséquent n'exposent l'emprunteur à aucun sacrifice sur le capital.

Ensuite, la commission de la Société venant s'ajouter seulement à un intérêt qui, sans cesse, se rapproche davantage de 3 65 et finit par y descendre, tout cela laisse si évidemment éclater aux yeux des débiteurs la réduction de l'intérêt, que bien peu voudront rester en dehors du crédit foncier.

Les lettres conduiront donc à une large transformation de la dette inscrite, et à un taux, finalement, de 3 65 , sauf la commission qui assure la facilité de se libérer par annuités.

Quelle métamorphose alors !

Réduisant de 8 à 7 0/0 la moyenne des charges qui pèsent sur le sol (1), afin de continuer à maintenir nos

(1) Ci-dessus, page 1,

évaluations au-dessous de la réalité, nous arriverons encore à un dégrèvement dont le chiffre, pour 8 milliards, sera *annuellement* ;

1° De la différence de 7 0/0 à 5 0/0.	160,000,000 fr.
2° De la différence de l'annuité à 5 à l'annuité à 3 65	66,824,240
Total...... (1)	226,824,240 fr.

Bien entendu que nous ne prétendons pas que la lettre à 3 65 opère une transformation entière de la dette, et que nous ne voulons, par ce dernier total que mettre à même d'apprécier jusqu'où peut aller le bien qu'elle est appelée à faire.

Cependant si, par des difficultés qu'il ne lui appartient pas de surmonter, la lettre n'arrive pas à transformer

(1) Le tableau de la page 80, où l'on voit que la différence de la libération par annuités d'un emprunt de 8 milliards à 5 0/0, à la libération par annuités d'un emprunt de 8 milliards à 3 65 0/0 se traduit par 66,824,240 f., témoigne de l'exactitude de notre manière de procéder ici pour arriver à 226,824,240 fr.

Cependant, l'intérêt de 8 milliards étant :

à 7 °/₀ de........................	560,000,000 fr.
à 3 65 °/₀, de.....................	292,000,000 —
il pourrait sembler que le dégrèvement dût être de	268,000,000 fr.
Mais nous avons vu, page 50, note 1, que la Société paie, pour amortissement, 5,146 fr. 97 c. par million, au delà de ce qu'elle reçoit au même titre ; ce qui, en négligeant les différences de centimes, fait, pour 8 milliards..................	41,175,760 fr.
et réduit le dégrèvement à......................	226,824,240 fr.

les 8 milliards en *totalité*, toujours imprimera-t-elle aux emprunts ce caractère fécond d'une dette peu onéreuse, et portera-t-elle à une mobilisation du sol en quelque sorte indéfinie, c'est-à-dire à sa représentation en des titres circulant à l'intérêt de 3 65, dans une proportion qui n'aura de limites que les besoins et la valeur de la propriété même.

Quelle activité ces nouveaux titres n'imprimeront-ils pas à l'industrie, surtout à l'industrie agricole dont s'occupe tant un gouvernement réparateur ! Combien même les chiffres que nous venons d'établir ne pâliront-ils pas devant les nouvelles sources de richesse qu'ouvriront ces fertiles représentants de la valeur du sol (1) !

Si l'agriculture doit beaucoup à *Olivier de Serres*, elle ne devra pas moins au crédit foncier, qui lui donne les capitaux sans lesquels les meilleurs préceptes sont frappés de stérilité.

(1) Se préoccupera-t-on de ce qui adviendra, les besoins réclamant une somme considérable de lettres ?

Craindra-t-on que l'abondance des titres circulants ne devienne une cause préjudiciable à leur cours ?

Ce serait méconnaître les plus simples éléments de la matière.

D'abord, les besoins ne réclameront les lettres qu'à raison de l'utilité que fera ressortir un intérêt à 3 65. Si donc la multiplicité de la demande les faisait descendre au dessous de leur valeur nominale, la demande s'arrêterait, et la cause cessant, l'effet cesserait aussi.

Ensuite, arrivés à l'état de *monnaie productive*, peu en importe la quantité quant à leur cours. Il en sera des lettres *monnaie* comme de l'or et de l'argent : la quantité peut en faire baisser la valeur, ce qui se manifeste par l'élévation du prix des choses échangeables, mais non en altérer le cours.

Eh ! quel moment plus heureux d'inaugurer la lettre à 3 65 ? On s'occupe d'introduire le crédit foncier en Algérie. Que n'obtiendra-t-on pas, si l'on donne à bas intérêts l'argent indispensable au produit du sol ; si on essaye d'une valeur qui, émise avec la haute sagesse dont sont empreints tous les actes de l'administration, mènera à prêter à des conditions dont la prospérité de la terre est la suite naturelle ?

La lettre à 3 65 conduira, enfin, à une dernière conséquence à laquelle personne en France ne restera indifférent.

Le crédit foncier a pris naissance en Allemagne ; mais il n'a trouvé à s'y asseoir qu'au moyen de lettres de gage qui, quelle que soit la faveur avec laquelle la Bourse les reçoive, n'en demeurent pas moins exposées à des fluctuations qui s'opposent à ce qu'elles ramènent invariablement les dettes territoriales à l'intérêt de 3 65 ; qui s'opposent à ce qu'elles enrichissent d'une monnaie productive les États mêmes où elles sont le mieux vues.

Le Crédit foncier de France, fondé sur des titres exempts de toutes variations, et dont la circulation répond incontestablement à un besoin public, le Crédit foncier de France devient créateur et créateur de deux des choses qui importent le plus : *rapprochement de l'intérêt de l'argent et du produit de la terre*, et *monnaie en billets portant intérêt*. S'il a commencé par imiter les autres, il sera à son tour un modèle générateur que chercheront à imiter toutes institutions analogues, animées du désir de contribuer à la prospérité de leur pays.

Telles sont les incalculables conséquences des lettres à l'intérêt de 3 65 (1).

Cependant, nous ne venons pas proposer d'abandonner complétement, aujourd'hui, la route suivie jusqu'à présent. Quoique, en la suivant, il soit impossible de jamais rapprocher le produit de l'argent de celui de la terre, parce que les prêts y sont réalisés en des valeurs soumises aux oscillations de la Bourse; quoique, dans cette route, le capital emprunté puisse être en partie perdu par suite de sa réalisation en obligations, et que ses intérêts s'élèvent à un taux supérieur à celui qui est l'apanage du crédit foncier, il s'y rencontre néanmoins des avantages réels. Ainsi, quel que soit l'intérêt, il est souvent inférieur à celui de beaucoup d'autres prêts dans les circonstances présentes, et, dans tous les cas, il se substitue toujours heureusement à celui qui grève aujourd'hui le sol d'une moyenne si élevée; bref, la libération par annuités est un bien qui place

(1) Quelles que soient ces conséquences, les lettres à 3 65 n'auront pas à regretter de faire tort à l'établissement de crédit public, haut placé, qui, depuis si longtemps, rend les plus signalés services. Le plus simple raisonnement le fera concevoir.

Les billets de banque, privés d'intérêt, mais réalisables à vue, conviennent à ceux qui ne recherchent pas un produit de leur argent, et à ceux-là seuls. Or, leur nombre ne sera certainement pas diminué par des titres portant intérêt, mais remboursés seulement *de fait*. La raison en est simple : celui qui ne tient pas au produit n'a pas de motifs de préférer le billet payable *de fait* au billet de banque payable *à vue*. Les lettres laisseront donc aux billets de banque une marge aussi large qu'auparavant.

la Société, même dans son état actuel, parmi les institutions de haute utilité.

On doit d'autant plus persévérer dans cette voie, au moins pendant quelque temps, que la circulation à 3 65 ne peut s'établir instantanément. Le temps seul la consolidera, et, pour cela, il convient que les lettres ne soient émises qu'avec une circonspection qui les fasse marcher de pair avec leur recherche (1). Rien alors n'est plus favorable que de pouvoir en modérer l'émission en réalisant, au moyen des obligations, les prêts qu'on ne jugera pas convenable de réaliser en lettres (2).

Le Crédit foncier ne hasarde donc rien, en entrant dans la route nouvelle que nous venons de tracer. Il peut s'y avancer sans abandonner l'ancienne : à mesure que l'une s'élargira, l'autre se rétrécira jusqu'à l'instant où elle cessera d'exister.

(1) Ci-dessus, page 38, à l'alinéa : *Il est néanmoins une observation.*

(2) Nous n'avons rien dit de l'amortissement de nos lettres de gage, parce que nous voulons en laisser le mode au choix de l'administration. Elle aura à se décider entre le *tirage au sort* qui amortira annuellement les lettres jusqu'à concurrence des rentrées, et le *rachat des lettres* au fur et à mesure des rentrées.

Le premier mode est celui adopté aujourd'hui pour les obligations.

Le second rencontrerait cet obstacle : que la recherche faisant enchérir les lettres, comme elle le fait de la monnaie métallique en cas de rareté des métaux précieux, la Société n'en trouvât point à racheter au pair. Cet obstacle exigerait qu'on ne réalisât plus de prêts avec les lettres, aussitôt qu'elles seraient au-dessus de leur valeur nominale, mais avec les espèces provenant des annuités rentrées. De cette manière, on éteindrait réellement au pair les lettres dont des espèces auraient pris la place, et disparaîtrait l'obstacle.

Bien entendu que, tant que la recherche des lettres n'aurait point rendue inutile une réserve spéciale, comme le rappelle le n° VI, chaque amortissement ne servirait à éteindre définitivement les lettres de gage qu'un an après sa rentrée, comme il est dit au n° II.

Il peut s'y avancer avec l'entière confiance que, soit plus tôt, soit plus tard, les lettres de gage à 3 65, finiront par absorber complétement les obligations. Quels que soient et la solidité et les avantages de la lettre à 3 65, les difficultés que remontre toute innovation pourront bien retarder sa marche, mais aucune ne pourra l'arrêter. « La raison, disait Montesquieu, finit toujours par avoir raison. »

CHAPITRE III.

DES DÉBITEURS EXCLUS DE LA LIBÉRATION ANNUELLE

En général, les ventes de propriétés immobilières se font à terme : c'est un moyen de trouver plus d'acquéreurs et de vendre mieux. De là, nombre de propriétaires qui doivent plus de la moitié de la valeur de leurs biens.

Beaucoup, et surtout les petits propriétaires, tiennent à économiser les frais qu'entraîne la régularisation des actes ; d'autres n'ont qu'une possession immémoriale, qui, n'étant pas justifiée, est aussi un titre irrégulier.

Tous ces propriétaires sont exclus des bienfaits du Crédit foncier.

Nous rechercherons les moyens de les y admettre avec *toute sécurité* pour la Société, aux titres :

Des propriétaires qui doivent au delà de la moitié de la valeur de leurs biens ;

Des propriétaires sans titres réguliers.

Nous parlerons après :

Du devoir de la Société envers les débiteurs dont il s'agit aux deux titres précédents.

Et finalement,

De la caisse de libération des dettes hypothécaires, qui s'est occupée de ces deux classes de débiteurs antérieurement au décret du 28 février 1852.

Des propriétaires qui doivent au delà de la moitié de la valeur de leurs biens.

Le Crédit foncier de France repousse la somme qui excède la moitié de la valeur des propriétés affectées à sa garantie (1).

A quoi tient cette exclusion ?

Uniquement à ce que la Société a cru qu'elle ne pouvait faire entrer cette somme dans le cadre de la libération annuelle, qu'autant qu'elle prêterait de quoi rembourser le créancier sur-le-champ ; ce qui l'exposerait à perdre, dès lors qu'il était dû au delà de la moitié de la valeur des biens.

C'est cette croyance qui a fait circonscrire le crédit foncier au riche à même de donner une garantie double de son emprunt, et qui en a fait écarter la foule des débiteurs obérés, pour lesquels il eût été d'un si puissant secours.

(1) L'excédant peut venir de ce que, le capitaliste prêteur ou son notaire, vivant au milieu des propriétés données en garantie, les estiment plus que ne le fait un délégué de l'administration, qui, dans la crainte de se compromettre, évalue parfois trop bas.

En cela, l'Institution a méconnu l'une de ses plus belles prérogatives. Elle peut, en effet, traiter avec tout débiteur, quelque grevé qu'il soit. Il suffit, pour qu'elle ne court aucun danger, qu'elle ne s'engage à créer les lettres de gage libératrices de l'emprunt qu'au jour où l'acquit successif des annuités aura réduit la dette au chiffre normal de moitié de la valeur des biens (1).

De cette manière, tout serait concilié, et l'intérêt du débiteur embarrassé, qui ne se trouverait plus exclu des facilités de la libération annuelle, et celui de la Société, qui ne serait pas exposée à une création de lettres dépourvues d'une garantie suffisante.

(1) Par exemple, Pierre doit 10,000 fr. portant intérêt à 5 0/0, remboursables dans cinq ans, hypothéqués sur une propriété estimée 17,000 fr.

Il s'engage à payer vingt annuités de 856 fr. 72 c. et la Société s'engage à lui prêter, dans cinq ans, la somme nécessaire pour rembourser son créancier, et jusque-là à en servir les intérêts ; le tout sous la condition que, pendant cinq ans, il acquittera exactement ses annuités.

Quelle sera la position dans cinq ans ?

Capital à rembourser.	10,000 fr.	»
Somme acquittée par les cinq premières annuités, en sus des 500 fr. d'intérêts annuels.	1,719	96
Pierre redoit à la fin des cinq premières années. . . .	8,280 fr.	04

qui sont inférieurs à 8,500 fr., formant la moitié des 17,000 fr. auxquels la propriété a été estimée.

La Société avancera les 8,280 fr. 04 c., en créant pour cette somme des lettres de gage, qui, circulant au pair, lui donneront 8,280 fr. 04 c., qu'elle réunira aux 1,719 fr. 96 c. réalisés par l'acquit des cinq premières annuités. Elle aura ainsi 10,000 fr., avec lesquels elle remboursera les 10,000 fr. dus au créancier, qui la subrogera dans ses droits hypothécaires jusqu'à concurrence de 8,280 fr. 04 c., montant des lettres de gage par elle créées.

Nota. — Pierre, admis à traiter, effectuera le paiement d'une partie au moins de sa première annuité.

Ce premier versement sera une garantie, pour le cas où il ne donnerait pas suite à son engagement de payer les annuités extinctives du trop de sa dette.

On objectera que ce mode de libération exige :

Que le capital dont le débiteur obéré veut se libérer n'arrive à échéance qu'au jour où les annuités acquittées l'auront ramené à la moitié de la valeur de l'immeuble hypothéqué.

Oui, sans doute ; mais il est de notoriété que, heureux d'échapper aux embarras d'un nouveau placement, le créancier, quand ses intérêts sont payés exactement, proroge le remboursement souvent jusqu'à une époque fort éloignée. La preuve en est dans la dette hypothécaire de la France. Estimée à 8 milliards effectifs, elle n'éprouve annuellement que des différences insensibles.

Qu'en conclure, si ce n'est que les créanciers accordent des crédits qui, en moyenne, sont de huit ans? Est-il besoin de le démontrer? La dette de 8 milliards étant un composé d'inscriptions dont les extinctions partielles sont remplacées par de nouvelles inscriptions de sommes à peu près égales, il faut bien que le crédit dont jouit chaque milliard soit en moyenne de huit ans, puisque la dette inscrite se maintient à 8 milliards (1).

Comment alors douter des prorogations demandées, surtout quand il ne s'agira de les obtenir que pour traiter avec une Institution qui reçoit les annuités nécessaires au service des intérêts et au remboursement du capital, et qui, par là, améliore si fort la position du créancier?

(1) En Belgique, la durée moyenne des inscriptions est aussi de huit ans environ.

On lit, page 441 *Des institutions de crédit*, par M. Josseau : « Il résulte du dépouillement des inscriptions requises depuis 1844 qu'elles sont, » en moyenne, de sept ans pour les prêts de 1,000 fr. et au-dessous, et de » huit ans pour les prêts de 1,000 à 2,000 fr. »

Au reste, un débiteur n'obtiendrait-il pas de prorogation, qu'il arriverait encore à une extension de crédit. Peu de mots le feront concevoir.

Celui qui ne peut ni rembourser, ni obtenir de prorogation, se voit forcé de recourir à un nouvel emprunt, qui, expiré, se renouvelle encore, et toujours avec des frais ruineux. Mais le premier de ces désastreux emprunts donnant lieu à un nouveau crédit, rien n'empêche le débiteur qui se propose de se libérer par annuités d'en faire cadrer le terme avec le jour où, par l'acquit de quelques unes, il aura fait descendre ce qu'il doit à moitié de la valeur de ses biens. Il suffit, après cela, que le débiteur s'arrête à l'une des opérations de la Société dont les annuités soient assez élevées pour éteindre, à l'expiration du crédit, la portion exubérante de sa dette (1). Tout gît donc dans un nouvel emprunt, à un terme en rapport avec la somme que les annuités doivent acquitter à son expiration ; et le capitaliste, voyant, dans l'opération libératrice, des motifs de tranquillité, tant au sujet des intérêts que du remboursement du capital, sera disposé à prêter et à consentir au délai demandé.

Soit donc qu'on obtienne une prorogation, soit qu'on

(1) On voit par la note 1 de la page 91, que, dans l'exemple donné, Pierre, faisant un emprunt remboursable dans cinq ans, s'en libère par une opération d'une durée de vingt ans, dont les cinq premières annuités éteignent la portion de la dette qui excède la moitié de la valeur des biens.

Si l'emprunt eût été remboursable avant cinq ans, Pierre aurait dû : ou faire proroger le crédit à cinq ans, ou faire choix d'une opération de moindre durée, dont les annuités permissent de ramener la dette à son chiffre normal, c'est-à-dire à moitié de la valeur des biens, au jour du remboursement.

Tout cela se traite, bien évidemment, au moyen des instructions adressées par l'administration à ses délégués.

renouvelle l'emprunt, une échéance trop rapprochée ne sera point une entrave à la libération annuelle. En tout cas, l'un ou l'autre de ces moyens de reculer le terme assez, pour que, à son expiration, les annuités aient ramené la dette à son chiffre normal, ne pouvant que rarement échapper, une telle échéance ne sera un obstacle que pour très-peu de débiteurs.

Des propriétaires sans titres réguliers.

Il est en France nombre de propriétaires dont les titres sont irréguliers, et qui n'en sont pas moins propriétaires incommutables. La gêne souvent ayant seule porté à épargner les frais de régularisation, beaucoup sont dans une position difficile, et, devenus débiteurs, ou parce qu'ils ont emprunté, ou parce qu'ils n'ont pas soldé leurs propriétés, ils ont, plus que tous autres, besoin des bienfaits du Crédit foncier. Aussi, avons-nous recherché s'il n'était pas un moyen de les y faire participer.

Le motif qui les en a fait exclure étant uniquement de ne pas exposer l'Institution aux chances attachées à l'irrégularité des titres, il s'ensuit que, si la Société pouvait être garantie contre ces chances de manière qu'elle ne courût absolument aucun danger, l'imperfection des actes translatifs de propriété ne serait plus un motif d'exclusion. Or, il en est de ces chances comme de toutes autres : l'assurance en paralyse les effets. Tout se réduit alors à savoir si une assurance est possible. Pour cela, il faut d'abord évaluer les pertes auxquelles exposent les chances à courir; nous rechercherons ensuite quelle garantie peut en préserver.

Mais comment les évaluer, dès qu'il n'y a point de statistiques sur cette matière?

Ne perdons pas de vue, d'abord, que les pertes dont il s'agit sont celles que supportent les créances basées, non sur tous titres irréguliers indistinctement, mais sur ceux qui ont été jugés valables par un notaire. Ainsi, les prêts *consentis*, c'est-à-dire résultant d'un consentement mutuel des parties seulement, et non d'un examen préalable des pièces, en sont formellement exclus (1).

Cette distinction établie, tout le monde comprenant bien que les seules pertes à évaluer sont celles de créances reposant sur des actes réellement examinés par un officier public, tout le monde comprendra également qu'elles sont peu considérables, parce que, si les difficultés de notre législation hypothécaire sont réelles en droit, les soins d'un notaire et sa connaissance des localités remédient aux imperfections de la loi à ce point que les difficultés disparaissent, faut-il dire, en fait. Le contraire serait insoutenable.

Qu'arriverait-il, en effet, si, par exemple, on allait jusqu'à évaluer ces pertes à une moyenne de 8 0/0?

Que chaque million qu'un notaire aurait fait prêter sur des titres par lui estimés bons, quoique entachés d'irrégularités, perdrait, en moyenne, 80,000 fr.

(1) Il suffit de la moindre connaissance des actes notariés pour reconnaître ces sortes de contrats.

Ce serait un résultat tellement déplorable qu'il entraînerait la déconsidération des études, leur enlèverait la confiance des capitalistes et les exposerait à de nombreuses actions en dommages-intérêts. Mais comme cette confiance n'a jamais cessé d'exister, que des actions en réparation de pareils mécomptes ne se voient qu'à de très-rares intervalles, il faut en conclure que, dans les présentes données, des pertes de ce chiffre ne sont pas admissibles. Au reste, le seraient-elles, que peu importerait, tant est riche l'assurance appelée à les garantir.

Cette assurance, nous la connaissons. La Société, prêtant à 5 des valeurs au pair, dont l'intérêt est de 3 65, réalise, par opération d'un million et d'une durée de vingt ans, un boni de 8,353 fr. 03 c., qui lui est acquis, chaque année, pendant les vingt ans de la durée de l'opération (1).

Pourtant, comme il n'est pas supposable que tous les emprunts arrivent au terme fixé pour leur durée; comme on doit croire que, par la force des choses, il y a autant de causes militantes pour une résiliation avant terme que de causes en faveur du contraire, nous réduirons à dix ans, en moyenne, la durée des opérations de vingt ans (2). Il s'ensuivra que chaque million donnera, dix fois seulement, 8,353 fr. 03 c., augmentés de leurs intérêts composés pendant dix ans; ce qui, en ne les calculant qu'à 3 65, élève le boni à 98,674 fr. 69 c.

Tel serait le boni, si toutes les opérations ne comptaient que vingt années. Mais, comme la différence de

(1) Ci-dessus, n° III.
(2) Ci-dessus, page 45.

l'annuité à 5 à l'annuité à 3 65, qui en est l'origine, ainsi que ses intérêts composés, sont en raison de la durée des opérations, il prendra des proportions plus larges encore, si, malgré ce que nous avons dit sur l'opportunité d'une durée de vingt ans, des emprunts continuent à se faire pour un temps plus long (1).

Or, que la Société consacre ce boni à couvrir les chances de pertes inhérentes à l'irrégularité des titres, elles seront amplement couvertes, puisque, les portât-on au chiffre de 8 0/0, hors de toute proportion avec la réalité, elles ne monteraient qu'à 80,000 fr. par million.

Le boni, né de la différence des prêts à 5 aux annuités à 3 65, constitue donc une véritable et large assurance, en présence de laquelle la Société peut libérer le débiteur aux titres imparfaits qu'un notaire aura jugés suffisants, avec autant de sécurité que le débiteur dont les

(1) La différence des deux annuités formant le boni que donnent les emprunts dont la durée excède vingt ans, calculée sur un million, et pendant la moitié de leur durée, qui en est le terme moyen, se présente dans les proportions suivantes, l'intérêt étant de 3 65 :

Dans l'opération de trente ans, la différence est de 9,309 fr. 18 c. qui, avec intérêts composés pendant quinze ans, est de . . . . 181,628 fr. 79 c.

Dans l'opération de quarante ans, la différence est de 10,018 fr. 93 c., qui, avec intérêts composés pendant vingt ans, est de 287,741 72

Dans l'opération de cinquante ans, la différence est de 10,754 fr. 13 c., qui, avec intérêts composés pendant vingt-cinq ans, est de 427,321 15

Dans l'opération de soixante ans, la différence est de 11,370 fr. 10 c., qui avec intérêts composés pendant trente ans, est de 601,652 23

Cette augmentation successive et prodigieuse de la différence des deux annuités s'explique par les résultats gigantesques de l'intérêt composé, nommés *prodiges de l'intérêt composé.*

titres sont irréprochables. L'irrégularité des titres disparaît devant l'ample assurance qui les rend égaux à des titres réguliers (1).

Nous irons plus loin.

Les titres irréguliers et *régularisés par l'assurance* présentent une sécurité que n'ont pas les titres simplement acceptés comme réguliers. Voici comment :

L'administration n'étant pas infaillible, il peut arriver, quelle que soit la sévérité qu'elle apporte dans l'examen des pièces, que parfois elle se trompe.

Dans ce cas, rien ne couvrant la perte qui suit l'erreur, elle est irréparable.

Mais quand des irrégularités sont amplement couvertes par l'assurance, et si amplement, qu'une réserve peut même être réalisée avec le surplus de la prime,

(1) Le boni qui forme le fonds d'assurance ne doit pas se confondre avec celui qui est destiné à couvrir la réserve métallique de ses pertes, comme il est dit ci-dessus, au n° III. L'un et l'autre boni formeront chacun un compte séparé.

Le *compte de réserve métalique*, qui percevra annuellement 8,353 f. 03 c. par million, dans les opérations de vingt ans, et percevra au delà dans les opérations d'une durée supérieure, verra son encaisse annuelle diminuer au fur et à mesure que la recherche des lettres permettra de réduire l'intérêt des prêts au-dessous de 5, ainsi qu'il est dit au même n° III.

Le *compte d'assurance*, qui percevra annuellement 8,353 f. 03 c. par million, dans les opérations de vingt ans, et percevra au delà dans les opérations d'une durée supérieure, ne verra son encaisse diminuer qu'au jour où l'administration estimera le fonds d'assurance assez considérable pour garantir les chances provenant de l'irrégularité des titres. A ce moment seulement, elle pourra réduire, dans la proportion qu'elle croira convenable, l'intérêt des prêts faits sur titres irréguliers et les faire descendre au-dessous de 5.

Nota. Dans le cas où la perte d'intérêts du *compte de réserve métallique* réclamerait une partie du surabondant boni venant des emprunts sur titres irréguliers, et où le surplus seul irait au *compte d'assurance*, ce ne serait qu'une affaire d'écriture qui n'altérerait en rien la distinction que nous venons d'établir.

elles n'exposent évidemment à aucune perte. Et, certes, les primes que donnent des prêts à 5 effectués en lettres à 3 65, surtout s'il en est de plus de vingt ans, excèdent si démesurément des sinistres limités à moins de 80,000 francs par l'expérience, que, les sinistres réparés, il restera de quoi faire une réserve importante (1).

L'acceptation de titres irréguliers, aussi largement assurés que nous venons de le voir, contre toutes chances provenant de leur irrégularité, ne portera donc aucune atteinte au renom d'irréfragabilité qu'ambitionnent les titres constitutifs des créances sociales actuelles.

Maintenant, dans quelle mesure cette assurance sera-t-elle appliquée? A quelles investigations donnera-t-elle lieu? Quelles imperfections permettront de passer outre, quelles seront celles devant lesquelles on s'arrêtera? Ce sont là des questions que peuvent seuls résoudre, après avoir approfondi la matière, ceux qui seront chargés de la mise à exécution de l'assurance.

En résumé, nous avons posé un principe riche en conséquences, c'est que *la différence de l'intérêt des prêts à celui des lettres de gage donne à la Société une prime plus que suffisante pour la garantir contre les pertes auxquelles expose l'irrégularité de titres précédemment estimés valides par un notaire, et dépassant même toutes*

(1) Si, après quelques années d'exécution, la Société juge que l'excédant des primes élève par trop la réserve, elle réduira au-dessous de 5 l'intérêt des prêts.

Au reste, le boni certain dépasse si fort les sinistres probables, que la réserve ne serait qu'un excès de précaution dont on ne tarderait pas à reconnaître la parfaite inutilité.

pertes possibles dans une proportion énorme. Quant à l'application de ce principe, les hautes lumières de l'administration en décideront (1).

Nous n'en terminerons pas sur les bienfaits du Crédit foncier, étendus aux propriétaires dont les titres irréguliers ont été acceptés par un notaire, sans insister sur cette particularité, que la différence d'intérêts qui leur en ouvre la porte n'est point acquise au prix d'une charge nouvelle. Ils paient la même annuité que les emprunteurs sur titres réguliers. Exempts de passer sous les fourches caudines d'un prêt abusif, ils arriveront au jour où, l'expérience démontrant combien la différence de 5 à 3 65 excède les risques à assurer, l'intérêt des opérations sera réduit au-dessous de 5.

Du devoir de la Société envers les débiteurs dont il s'agit aux deux titres précédents.

Malgré l'article 57 de ses statuts, qui permet de consentir des prêts de 300 francs, la Société ne compte que des prêts de sommes considérables : c'est à peine s'il est quelques exceptions.

La raison en est que ceux qui voudraient emprunter des sommes peu élevées sont communément de petits

(1) En tout cas, l'application de ce principe doit se borner à ceux qu'un acte notarié précédent a rendus débiteurs, et ne pas s'étendre à celui qui, de prime abord, veut emprunter avec des pièces irrégulières, parce que, dans ce dernier cas, les pièces irrégulières ne se recommandant pas par l'acceptation qu'en a faite un notaire, la Société éprouverait trop de difficultés pour s'éclairer.

Le notaire remplit ici les fonctions d'une chambre de garantie, et son examen suivi d'acceptation est une présomption que rien ne peut suppléer.

propriétaires, qui, plus que tous autres, achètent des parcelles de terres vendues à longs termes, ou cherchent à épargner les frais de régularisation d'actes. D'où il suit que les premiers doivent au delà de la moitié de la valeur de leurs biens, et que les seconds ne possèdent souvent qu'en vertu de pièces qui pèchent par la régularité; qu'ainsi, les uns et les autres n'étant point admis à traiter avec l'Institution, comme nous l'avons dit aux deux titres précédents, il se fait peu, ou plutôt il ne se fait pas d'emprunts de sommes minimes.

Voyons à quoi la Société est tenue à l'égard de cette classe nombreuse de propriétaires.

Le Crédit foncier de France a un privilége de vingt-cinq années, et reçoit une subvention de 10 millions pour en faciliter la mise à exécution. L'esprit dans lequel il a été concédé est exprimé en tête de ses statuts :

« Le privilége embrasse tout le territoire de l'empire » et lui donne une double tâche : celle de fournir à » l'agriculture les fonds dont elle a besoin pour amélio- » rer ses allures et augmenter ses produits, et de pro- » curer à la propriété grevée de dettes hypothécaires » un adoucissement à ses charges et un moyen de libé- » ration. »

Cette double tâche est-elle remplie en excluant des moyens de libération la propriété qui en a le plus besoin, celle qu'avait surtout en vue la pensée paternelle qui a dicté le décret du 28 février?

L'un de ceux que l'amour du bien public a conduits à

se dévouer au crédit foncier, disait en 1852 : « La pra-» tique amènera des modifications au décret du 28 fé-» vrier, si l'on veut que le crédit foncier profite à la » petite propriété comme à la grande (1). » Malgré ce vœu, la petite propriété est encore déshéritée des bienfaits de la libération annuelle.

Disons-le, la Société n'a point encore accompli le plus impérieux et, en même temps, l'un de ses plus beaux devoirs ; non que nous l'imputions à sa volonté : la difficulté de le faire avec la sécurité dont dépend son existence en est la seule cause.

Mais, aujourd'hui que nous donnons les moyens de traiter (2), dans une large mesure et sans courir aucun danger, des opérations jusqu'à présent frappées d'interdit, les débiteurs négligés doivent espérer qu'ils verront cesser une exclusion fatale, et d'autant plus

(1) *Tables du Crédit foncier*, par M. Thibault, ancien notaire, page 9,

(2) Les études de notaires regorgent de contrats qui dénotent mille gênes. Que la Société les intéresse à ses opérations libératrices, et il s'ouvre une source inépuisable de nouveaux bénéfices. Or, rien de plus facile que d'avoir les études pour auxiliaires : l'extension que les bénéfices recevront de la nouvelle source que nous proposons d'explorer mettra à même de les indemniser assez largement, pour se concilier leur honorable concours.

Voici comment nous entendrions procéder.

Un notaire tient par dessus tout à conserver sa clientèle, et pour cela à multiplier ses rapports avec elle. Eh bien ! que la Société l'autorise à recevoir les annuités des contrats passés dans son étude, pour ensuite les reverser à la recette générale chargée de les recevoir ; de cette manière, chaque opération assurerait à l'étude d'où elle vient, tout en lui conservant sa clientèle :

1° Un contrat à passer ;

2° L'encaissement des annuités en provenant ;

3° Une partie des commissions qu'elle aurait procurées à la Société.

Ce ne sont là que des idées premières ; mais, élaborées, elles peuvent conduire à surmonter l'un des obstacles qui s'opposent le plus à la propagation du crédit foncier.

fatale qu'un privilége interdit à toute autre société de les faire jouir des avantages du crédit foncier.

Sans doute, la petite propriété ne donnant lieu qu'à de petits emprunts, il s'ensuivra un travail que souvent ne récompenseront pas suffisamment les opérations qui l'auront occasionné. Mais le Crédit foncier de France a été fondé « pour donner le plus heureux essor à la » transformation de la dette hypothécaire actuelle, qui, » par le service d'un intérêt élevé, souvent usuraire, en » même temps que par l'obligation de rembourser à » courte échéance, constitue une des causes les plus » vivaces de la misère de nos campagnes et des souf- » frances de l'agriculture (1) » Il a donc été fondé pour faciliter la libération de la petite propriété (2), qui, gênée plus que toute autre, compte tant de débiteurs sur lesquels s'étendent ces causes vivaces de misère. « Les petits prêts, dit M. Chégaray, comptent pour » les trois cinquièmes dans le chiffre total des prêts » hypothécaires (3). »

Le Crédit foncier de France, en les admettant à ses bienfaits, ceux du moins dont les garanties sont attestées, mises hors de doute : les unes, par les annuités qui doivent être payées avant la création des lettres libératrices de la dette (4) ; les autres. par l'assurance dont nous venons d'exposer la surabondante richesse ;

(1) Rapport de M. le ministre de l'agriculture et du commerce à l'Empereur, en date du 10 décembre 1852.

(2) Rapport de M. Wolowski, du 9 septembre 1852, à l'assemblée générale des actionnaires de la Société.

(3) Rapport de M. Chégaray au Gouvernement, publié en 1851.

(4) Ci-dessus, page 90.

le Crédit foncier, disons-nous, rendra les précieux services que fait espérer son organisation. Venant en aide, sans s'exposer à rien à la vérité, mais par des soins hors de proportion avec le peu d'importance de chaque opération, il acquerra de nouveaux droits à la reconnaissance publique.

De la Caisse de libération des dettes hypothécaires.

Le mode de libération dont il s'agit aux trois titres précédents n'est point une pensée à l'état de projet.

Bien antérieurement au décret du 28 février 1852, nous avons présenté à la sanction du Gouvernement, sous le nom de **Caisse d'économie des débiteurs hypothécaires**, les statuts d'une Société de crédit foncier qui reposait sur un mode de libération analogue à celui que nous venons d'exposer. Ses précédents la recommandaient : fondée en commandite, le 24 février 1830, fonctionnant dans quelques départements seulement, réduite à ses seules forces, ses opérations se sont élevées à plus de 26 millions (1).

Si les événements de 1848, fatals à ce qui tenait à la propriété foncière, l'ont contrainte à une liquidation judiciaire, le Tribunal de commerce de la Seine reconnut que, à cette époque, une gestion de quinze ans l'avait mise au-dessus de ses affaires, rendue exempte

(1) Ci-dessus, pages 28 et 29, où il s'agit déjà de la caisse de libération.

de tout blâme, et lui fit l'application du décret tutélaire du 22 août de cette même année 1848. Nous pouvons donc invoquer nos 26 millions comme témoignant en faveur de notre mode de libération. Non que les quinze années se soient écoulées sans fautes; mais, loin de nuire à la *caisse d'économie des débiteurs hypothécaires*, ces fautes la consolidaient, ayant instruit l'expérience qui l'avait conçue.

De plus, une lettre du 12 août de la même année encore, que nous adressa M. le Ministre de l'Agriculture et du Commerce, légitimait notre confiance dans un décret d'autorisation, en constatant que le Conseil d'Etat n'avait réclamé que quelques modifications à nos statuts, qu'ainsi notre pensée avait été favorablement accueillie.

Nous étions dans cette attente, lorsque tout espoir nous fut ravi par une dernière missive ministérielle en date du 16 février 1849 : « Monsieur, vous m'avez » adressé un mémoire et un projet relatifs à la création » d'une Caisse d'économie des débiteurs hypothécaires. » Je vous annonce, en vous remerciant de cette pro- » duction, que j'en ai fait prendre note, afin de la con- » sulter dans l'importante question du crédit foncier.

» Agréez, etc. »

Il était difficile d'essuyer un plus cruel désappointement. Cependant, s'il détruisit à jamais les plus légitimes espérances, il resta toujours que le Conseil d'État, en prescrivant des modifications à nos statuts, a cru que notre mode de libération était digne de son attention (1).

Ce mode, nous le reproduisons aujourd'hui avec des moyens d'exécution puisés dans quinze années d'expérience, et rendus plus puissants par l'appui qu'ils trouvent dans les lettres de gage. On nous permettra donc d'en présager le succès (2); surtout espérant que les lettres, sanctionnées déjà comme papier de bourse, sous le nom d'obligations foncières, le seront bientôt comme billets circulants.

(1) L'Institution se recommandait aussi par son conseil d'administration, composé de

MM.

Anthouard ✻ (comte d'), ancien pair de France;

Baulny (vicomte de), propriétaire;

Beaulieu ✻, propriétaire;

Champion ✻, ancien notaire à Paris;

Cotelle (O ✻), notaire honoraire à Paris;

Crillon ✻ (duc de), ancien pair de France;

Girardin (G. ✻, comte de), lieutenant-général;

Grandeff ✻ (comte de), administrateur du chemin de fer de Nantes;

Guiffret, ancien notaire à Paris.

Ce conseil, qui comprenait trois anciens fonctionnaires, à qui leur retraite du corps si considéré du notariat laissait le loisir de se dévouer au bien public, éclaira de ses lumières les statuts qui ont mérité l'attention du Conseil d'État.

(2) Les statuts ont prévu que le système actuel pouvait être secondé par un autre système. L'art. 1er dit :

« La Société peut appliquer, avec l'autorisation du Gouvernement, tout » autre système ayant pour objet de faciliter les prêts sur immeubles, l'a- » mélioration du sol, les progrès de l'agriculture et l'extinction de la dette » foncière. »

CONCLUSION.

La lettre de gage est la pierre angulaire de tout crédit foncier. Sans elle, point de succès possible. Il faut par conséquent la naturaliser en France, et à des conditions qui rapprochent l'intérêt de l'argent du revenu de la terre, sous peine de voir une Institution sur laquelle se fondent tant d'espérances ne pas répondre à ses promesses.

A cet effet, que le Crédit foncier de France se pénètre d'abord de la réalité des deux erreurs que nous avons signalées comme nuisibles à l'avenir du papier-gage, en ce que, répartissant l'amortissement sur un long temps, elles en réduisent la quotité annuelle, et par là, ou renferment l'émission des lettres dans un cercle dont l'étendue sera insuffisante pour les besoins, ou obligent le fonds social, pendant plus ou moins d'années, à une réserve qui peut contrarier ses actionnaires.

Qu'ensuite il entre dans la voie que nous avons tracée, qu'il l'élargisse ou la rétrécisse selon qu'il le jugera convenable; qu'il y marche avec la sage lenteur qui, seule, permet au fruit de mûrir, et bientôt la plus riche récolte lui donnera non-seulement la facilité de satisfaire à toutes demandes d'emprunt conformes à ses statuts, mais encore, ce qui est plus précieux, celle d'y satisfaire au taux d'intérêt sans lequel il n'y a pas réellement de crédit foncier. Il doit entrer dans cette voie nouvelle avec d'autant plus de confiance que, jusqu'au moment où elle sera assez large pour recevoir tous les emprunteurs, il peut ne point abandonner la voie actuelle, c'est-à-dire continuer à réaliser les prêts en obligations foncières, quand il jugera à propos de ne pas précipiter l'émission des lettres à 3 fr. 65 c. De cette manière, marchant dans les deux voies, rien ne sera aventuré. A mesure que les lettres de gage, telles que nous les entendons, se développeront davantage, les obligations s'effaceront pour disparaître un jour tout à fait. On arrivera ainsi à un moment où *les lettres feront office de monnaie productive*, et où *l'intérêt payé par la terre sera finalement de* 3 65.

On conçoit que le Gouvernement, malgré la protection signalée qu'il accorde à la Société, se soit interdit jusqu'à présent de recevoir les obligations. Il a compris que, émises sans autre mesure que celle des prêts, amorties en cinquante ou soixante ans, elles pourraient surabonder, et que, soumises aux fluctuations de la Bourse, elles n'avaient pas une stabilité de prix qui en mît les porteurs à l'abri de perte. Mais, aussitôt que les lettres ont pour seule mesure un besoin manifesté par leur recherche, ce qui permet de les émettre au pair; aussitôt qu'une réserve métallique vient aider à les y maintenir jusqu'au moment où elle deviendra superflue; que, même après sa suppression, la Société a toujours à sa disposition somme suffisante pour rembourser les lettres qui peuvent encore lui revenir, ce qui rendra tout à fait sans intérêt pour elle la disparition entière des demandes de remboursement, peut-être le Gouvernement pensera-t-il qu'il doit se départir de la règle qu'il s'est faite; que, certain du maintien des lettres à leur valeur nominale, il peut les accepter, comme il accepte les billets de la Banque, non de droit, mais de fait. Quelle ne serait point alors la rapidité de leur succès!

Toutefois, que ce succès soit plus ou moins rapide, les lettres de gage, reçues à l'égal de la monnaie, n'en ouvriront pas moins un horizon sans bornes au crédit foncier de France, en réalisant dans sa sphère ce que voyait en elles l'éminent publiciste que nous avons déjà cité, lorsqu'il dit : « La lettre de gage dont je poursuis » le triomphe m'apparaît comme devant opérer dans » la circulation monétaire les mêmes progrès et les » mêmes prodiges que ceux accomplis par l'application » de la vapeur à la circulation des voyageurs et des » marchandises.

» Pour qui sait lire, il y a tout un monde nou- » veau, plus grand que celui découvert par Christophe » Colomb, dans ces mots de Cieszkowski : Le crédit est » la métamorphose des capitaux *stables* et *engagés* en » capitaux *circulants* et *dégagés,* c'est-à-dire le moyen » qui doue les valeurs non circulables par elles-mêmes, » de la faculté de circuler (1). »

Et l'on nous pardonnera d'ajouter que ces paroles ont été précédées des *billets de caisse* mis au jour par nous, et qui, par l'emploi donné aux sommes qu'ils représentaient, eussent aussi métamorphosé les capitaux stables et engagés en capitaux circulants et dégagés (2).

Mais, quelque beau qu'il soit d'embrasser l'immensité de cet horizon, il est encore un succès que doit ambi-

(1) *La Presse* du 25 août 1853.
(2) Ci-dessus, pages 29 et 30.

tionner la haute Institution vers laquelle gravitent tant d'intérêts; autrement, elle ne répondrait pas complétement à l'auguste pensée à laquelle elle doit d'exister.

Qu'elle se pénètre des moyens que nous avons donnés d'appeler, en *toute sécurité,* aux bienfaits du crédit foncier et le débiteur qui doit au delà de la moitié de la valeur de ses biens, et celui dont les titres irréguliers ont été précédemment jugés valides par un officier ministériel, chargé d'une grave responsabilité ; et un second et grand succès est encore obtenu : celui de venir en aide à ceux qui ont le plus besoin de la libération annuelle.

Tous ces grands résultats ne profiteront pas seulement aux débiteurs, ils enrichiront aussi la Société, parce que, brisant les entraves actuels des prêts, il ne sera pas de bornes aux emprunts.

Tel est le magnifique avenir qu'une profonde étude, jointe à une longue expérience, nous autorise à prédire au Crédit foncier de France, aussitôt que sa puissante administration voudra se l'assurer.

En accueillant des idées dont peut-être le temps, seul, ne lui a pas permis de prendre l'initiative, l'administration actuelle aura marqué son passage d'une empreinte ineffaçable : elle aura doté son pays de richesses nouvelles, mis en rapport les deux produits dont l'accord importe le plus à la prospérité agricole, transformé, en un mot, la dette qui paralyse le sol en une dette qui le fertilise.

INDEX.

—

PARIS. — IMPRIMERIE CENTRALE DE NAPOLÉON CHAIX ET Ce, RUE BERGÈRE, 20. — 1878.

DU CRÉDIT FONCIER DE FRANCE.

APPENDICE.

Frappé de cette vérité : que la lettre de gage à l'intérêt de 3 65 0/0, sans époque fixe d'exigibilité,

Élèvera le Crédit foncier de France à la hauteur de l'auguste pensée qui l'a créé ;

Enrichira le sol, l'industrie, des incalculables conséquences attachées à la baisse du taux de l'argent ;

Enrichira non moins la Société, en augmentant la somme de ses opérations ;

Frappé de cette grande vérité, nous nous sommes demandé ce qu'il faut pour assurer la circulation de la lettre à 3 65 0/0 sans époque fixe d'exigibilité.

Il n'était qu'une réponse : *la conviction que le porteur sera remboursé à sa satisfaction.*

D'après cela, nous nous sommes attaché à démontrer combien, avec un papier productif, garanti comme ne l'est nul papier, il était facile de donner cette conviction.

Elle nous paraissait si certainement découler de nos développements, que, n'admettant pas le doute comme possible, nous avons négligé de faire valoir une ressource qui, en cas de démenti de ce qu'il y a de plus rationnel, contraindra néanmoins à reconnaître que, *de fait*, la Société *remboursera toujours*. D'où suit naturellement, pour le porteur, une conviction d'être payé, fondée sur ce qui est le plus fait pour la donner (1).

En effet, que se passe-t-il, quand une lettre est remboursée par le Crédit foncier ?

Que l'hypothèque affectée à sa garantie se trouve dégagée ; que la Société a le droit de remplacer la lettre rentrée par une

(1) Chapitre II, page 25 à 88.

obligation foncière, reposant sur l'hypothèque devenue libre. Rien n'est plus incontestable.

Eh bien ! qu'il soit fait usage de ce droit, si la marche que nous avons tracée n'en rend pas l'exercice inutile; que, aussitôt le dépôt des titres dont le remboursement est demandé, la Société crée et négocie des obligations, en cas d'insuffisance de ses disponibilités (1). Evidemment, ce droit lui permettra de répondre sans cesse aux demandes, quel qu'en soit le chiffre, et avec une rapidité qui dépassera l'attente de titres portant intérêt.

I.

Qu'objecter ? Que si la négociation ne s'effectue pas au pair, il y aura perte pour la Société ?

Ce serait méconnaître ses ressources.

Qu'on n'oublie pas que, dans ce cas, la position inébranlable du Crédit foncier de France assurera toujours, à un taux rapproché du pair, la négociation des quelques obligations que pourra imposer l'insuffisance des disponibilités, et l'on sera frappé de la facilité de garantir contre toute perte la faible éventualité de cette négociation. Il ne faudra pour cela que porter un peu au delà de 3 65 l'intérêt des prêts réalisés en lettres, le tableau ci-après faisant voir que la différence entre un prêt à 5 et un prêt à 3 65 est, pour 1 million, dans une opération d'une durée de :

20 ans, de.	98,674 fr.	69 c.
30 ans, de	181,628	79
40 ans, de	287,741	72
50 ans, de	427,321	15
60 ans, de (2)	601,652	23

Le prêt étant réalisé, *valeurs espèces*, dès lors qu'il l'est en titres circulant au pair, on conçoit que l'intérêt puisse en être porté quelque peu au delà de 3 65, sans que l'emprunteur cesse d'être remarquablement avantagé.

(1) Dès lors que les lettres sont déposées, la création d'obligations équivalentes ne contrevient pas à l'art. 76 des statuts.

(2) Page 48, n° III; pages 94, 97, note 1, où l'on voit que la différence n'a été prise que pendant la moitié de la durée de l'opération, qui en est le terme moyen, et avec intérêts composés à 3 65 seulement.

II.

Opposera-t-on qu'il peut arriver un de ces cataclysmes qui, répandant l'épouvante partout, fasse tomber les obligations de telle sorte que la ressource dont nous venons de parler s'évanouira, et, avec elle, la possibilité de rembourser, pour ne laisser qu'un discrédit fatal à l'Institution?

Nous apprécierons l'objection, après avoir donné connaissance des dispositions ci-après :

Les lettres de gage à l'intérêt de 3 65 0/0 sont créées sans époque fixe d'exigibilité pour le capital.

Elles sont reçues en paiement des annuités des contrats de prêts réalisés en mêmes valeurs.

La Société est tenue d'en retirer, chaque année, de la circulation, jusqu'à concurrence des annuités desdits contrats de prêt qui auront été acquittées en espèces, l'année précédente.

Néanmoins, la Société est autorisée à échanger les lettres à 3 65 contre espèces, soit au moyen de ses fonds disponibles, soit au moyen d'obligations foncières créées au lieu et place des lettres déposées pour en être payé.

Cette autorisation est purement facultative, et nul ne pourra exiger le remboursement des lettres à 3 65 0/0 : il ne pourra que les donner en paiement d'annuités, aux termes ci-dessus (1).

En présence de ces dispositions, quel discrédit peut donc encourir l'Institution, quand vient l'une de ces révolutions qui, interrompant l'ordre habituel, la contraint, pendant la durée éphémère de l'orage, à suspendre des remboursements que ses statuts rendent *facultatifs*, à faire usage de son droit de ne recevoir les lettres qu'en paiement d'annuités ?

Par là, fera-t-elle, pour les lettres à 3 65, autre chose que ce qu'elle fera pour les obligations foncières, les difficultés du moment la forçant de suspendre les avances demandées aux termes de l'art. 2 des statuts?

Quel discrédit, enfin, peut encourir l'Institution, quand la Ban-

(1) Nous avons dit, page 25, note 1, que la lettre à 3 65 0/0 pourrait recevoir le nom de *billets fonciers*, et nous décidons ici ce qui, page 87, note 1, reste en suspens.

que de France n'a rien perdu de son autorité pour avoir, à diverses époques calamiteuses, suspendu ses paiements en espèces, que, bien mieux, ses statuts rendent *impératifs?*

III.

Point d'obstacles donc à l'émission d'un titre qui peut et doit être créé *sans troubler en rien l'ordre de choses actuel.* Point d'obstacles, disons-nous, pourvu toutefois que nos efforts aient pu, malgré leur faiblesse, faire entrevoir aux hautes lumières de l'administration qu'il y a ici la source d'un progrès. Animées du désir de porter les bienfaits du crédit foncier à ses dernières limites, elles sauront bien triompher des difficultés que rencontre tout progrès.

En un mot, craignît-on, contre toute évidence, que, parfois, la marche si logique que nous avons tracée ne pourvût pas complètement aux remboursements, la négociation des obligations foncières que la Société a le droit de créer au lieu et place des lettres dont le paiement est demandé dissiperait jusqu'à l'ombre de la moindre inquiétude.

Les remboursements aussi infailliblement assurés, la Société aussi immuablement tranquillisée à leur égard, vient alors, environnée de la lumière la plus éclatante, la circulation au pair des lettres à l'intérêt de 3 65 0/0 sans époque fixe d'exigibilité, et, avec elles, l'accomplissement des grandes destinées du Crédit foncier de France.

Errata : page 84, note 1.

Ligne 7 : la multiplicité de la demande, *lisez* : leur surabondance.
Ligne 8 : la demande, *lisez* : l'émission.

PARIS. — IMPRIMERIE CENTRALE DES CHEMINS DE FER DE NAPOLÉON CHAIX ET Cᵉ, RUE BERGÈRE, 20

DU CRÉDIT FONCIER DE FRANCE.

SUITE DE L'APPENDICE.

DE LA RICHESSE QUE LA SOCIÉTÉ DEVRA AUX LETTRES A 3 65 0/0 ET DE LA BAISSE DE L'INTÉRÊT QUI EN SERA LA SUITE.

Le remboursement des lettres à l'intérêt de 3 65 0/0 étant la pierre d'achoppement de leur succès, nous avons voulu arriver à ce qu'il y a de plus infaillible pour rassurer à cet égard : à une préalable garantie *matérielle* des remboursements.

Mais, avant d'en exposer les éléments, qu'on nous permette une double hypothèse.

La première :

Que les lettres à l'intérêt de 3 65 0/0 seront tellement recherchées qu'elles seront absorbées par la circulation.

La seconde :

Que, pendant vingt-cinq ans, la Société acquerra, chaque année, au pair, 10 millions d'obligations provenant de prêts à l'intérêt de 4 50 0/0 et d'une durée de cinquante ans, et que ces acquisitions annuelles seront faites au moyen de lettres à 3 65 (1).

Dans cette seconde hypothèse, la Société gagnerait la différence du produit des obligations qu'elle aurait acquises à l'intérêt des lettres qu'elle aurait émises ; et, les prêts se liquidant, en moyenne, à moitié de leur durée, elle serait, à la fin de chaque

(1) La Société, autorisée par l'article 2 de ses statuts à agir comme maison de banque, acquerra d'abord 1 million d'obligations avec ses propres fonds.

Ces obligations acquises, leur remise en circulation sera rendue impossible au moyen d'une estampille.

Puis, il sera créé, en leur lieu et place, un million de lettres à 3 65, qui, vu la première hypothèse, procureront un million espèces, avec lesquelles on acquerra un autre million d'obligations, remplacées à leur tour par des lettres à 3 65 ; et toujours ainsi pendant vingt-cinq ans.

année, tant sous le rapport de cette différence que sous celui des lettres en circulation, dans la position présentée par le tableau ci-après, terme moyen, bien entendu.

POSITION ANNUELLE.

ANNÉE.	GAIN.	LETTRES EN CIRCULATION.
1re	94,410 F. » C.	9,643,909 F. » C.
2e	286,673 »	18,938,731 »
3e	580,374 »	27,861,723 »
4e	979,202 »	36,399,314 »
5e	1,486,997 »	44,537,449 »
6e	2,107,787 »	52,261,523 »
7e	2,845,545 »	59,556,436 »
8e	3,704,695 »	66,406,522 »
9e	4,689,614 »	72,795,546 »
10e	5,804,893 »	79,706,579 »
11e	7,055,290 »	85,158,854 »
12e	8,445,735 »	90,099,066 »
13e	9,981,342 »	94,508,507 »
14e	11,667,410 »	98,367,801 »
15e	13,509,429 »	101,656,869 »
16e	15,513,074 »	104,354,898 »
17e	17,684,283 »	106,440,314 »
18e	20,029,152 »	107,890,757 »
19e	22,554,019 »	108,683,052 »
20e	25,265,456 »	108,793,174 »
21e	28,170,270 »	108,196,226 »
22e	31,275,521 »	106,866,399 »
23e	34,588,524 »	104,776,943 »
24e	38,115,964 »	101,900,131 »
25e	41,866,568 »	101,762,677 »
26e	45,848,480 »	88,410,845 »
27e	50,070,143 »	75,161,762 »
28e	54,540,307 »	62,261,175 »
29e	59,268,043 »	49,699,809 »
30e	64,262,752 »	37,183,430 »
31e	69,534,179 »	25,029,905 »
32e	75,389,710 »	13,143,369 »
33e	81,553,379 »	1,535,083 »

Il ressort de ce tableau que, à la 33e année, jour où toutes les lettres sont amorties moins 1,535,083 fr., la différence du produit reçu aux intérêts payés donne............ 81,553,379 »

Elle donne, en sus, les différences à percevoir dans les années 34 à 50, lesquelles réduites à leur valeur, fin de la 33e année, et déduction faite des 1,535,083 fr. restants dus, sont de .... 11,720,059 »

TOTAL (1)............ 93,273,438 »

I.

Dans les deux hypothèses que nous venons de poser, se trouvent, on le voit, les éléments propres à former une réserve considérable pour servir de garantie *matérielle* aux remboursements.

Le moindre calcul démontrerait aussi que, sans s'éloigner du maximum de ce tableau, quant aux titres en circulation, l'émission peut être nuancée de manière à donner plus rapidement la réserve cherchée.

D'un autre côté, l'expérience apprendrait bientôt que la circulation soutenant 600 millions de billets de banque improduc-

(1) Rien ne viendra amoindrir ce bénéfice, parce que le compte courant de l'Institution au Trésor est une réserve naturelle où elle trouvera de quoi satisfaire aux remboursements, sans même cesser de profiter de l'excédant de l'intérêt que lui paie le Trésor sur celui qu'elle sert à de nombreux dépôts. Et cela se conçoit dès lors que, la première hypothèse admise, le compte courant n'éprouve aucun découvert, par suite de la remise en circulation des lettres au porteur remboursées.

Il y a plus;

Loin que ce bénéfice soit exposé à une diminution, il s'augmentera :

1° De la différence qui pourra se trouver entre le pair et le prix auquel les obligations seront acquises;

2° De l'escompte des lettres remboursées, quand la Société n'usera pas des jours d'avertissement (*a*) ;

3° De l'indemnité à laquelle, suivant l'art 3 des statuts, donne lieu toute liquidation anticipée.

(*a*) Quel sera le nombre des jours d'avertissement ?

Comment sera-t-il déterminé ?

Ce sont là des détails d'exécution qui ne seraient point ici à leur place.

tifs (1), l'émission de billets productifs peut être portée au delà de celle que nous avons prise pour mesure et mener en peu de temps à une réserve énorme.

Nous demandons maintenant ce qui s'oppose à ce que ces deux hypothèses, qui placeraient si haut la richesse et la puissance de la Société, deviennent une réalité?

II.

La première hypothèse suppose que nos lettres seront absorbées par la circulation.

Comment en douter?

Elles portent intérêt à 3 65 0/0 (2), et leurs remboursements au gré des porteurs, répandant partout la conviction qu'il en sera toujours ainsi, elles seront évidemment recherchées, à ce point que l'émission circonscrite du tableau ci-dessus ne répondra pas aux besoins : les remboursements à volonté rendent cela incontestable (3).

III.

La seconde hypothèse suppose que la Société acquiert des obligations dans des données qui :

D'un côté, ne portent le maximum des lettres en circulation qu'à 108 millions, et à la vingtième année seulement ;

D'un autre côté, lui font gagner annuellement des sommes dont le chiffre s'élève, à la trente-troisième année, à 93 millions (4).

(1) En 1849 et 1850, la circulation les a maintenus au pair, quoique les caisses de la Banque fussent fermées.

(2) L'intérêt des bons du Trésor est fixé, à partir du 16 août 1860 :
A 1/2 0/0 pour les bons à cinq mois;
À 2 0/0 pour les bons de six mois à un an.

(3) *Du Crédit foncier de France*, pages 54 à 59, IV, V, et ci-après III.

(4) Qu'on n'oublie pas ce qui est dit précédemment, I, sur la possibilité d'arriver plus rapidement au gain que promet le tableau, sans s'éloigner de son maximum de lettres en circulation.

Qui donc s'opposerait à la réalisation de cette hypothèse?

Serait-ce la crainte que les demandes de remboursement n'excédassent les disponibilités?

Il est d'abord une probabilité qui équivaut à la certitude, c'est que l'utilité de titres productifs et réalisés en espèces, au gré du porteur, ne laissera revenir à la caisse sociale que bien peu d'une émission annuelle de 10 millions, si inférieure à ce que pourrait soutenir une circulation qui permet 600 millions de titres improductifs.

Il est certain ensuite que la recherche des lettres à 3 65 fera que celles qui auront été acquittées la veille, pourront être rendues à la circulation le lendemain; d'où il suit que le capital de prévoyance se trouvera réduit, en quelque sorte, à ce qui est nécessaire pour effectuer les remboursements d'un jour.

Eh bien! est-ce qu'un fonds social de 60 millions (1), joint à des dépôts que le dernier compte porte à plus de 55 millions, et qui, prenant leur source dans le crédit inébranlable de l'Institution, s'augmenteront suivant toutes probabilités; est-ce que ce fonds social et ces dépôts ne disent pas hautement que la Société aura toujours au delà et énormément au delà de ce que peut exiger le va-et-vient journalier de lettres dont l'émission est renfermée dans les étroites limites que nous venons de poser?

Bien mieux:

Est-ce que le droit de créer et de négocier des obligations aux lieu et place des titres à rembourser n'assure pas le paiement de ceux-ci, en cas d'insuffisance des disponibilités, si cette insuffisance était possible (2)?

Bien mieux encore:

Est-ce que, dans l'intervalle qui doit s'écouler entre la demande et le remboursement, la Société ne peut pas remettre en circu-

(1) Il n'est pas d'actionnaires qui ne s'empressent de verser ce qu'ils doivent, s'il est nécessaire, afin de s'assurer des bénéfices qui porteraient leurs actions à une valeur fabuleuse.

(2) *Du Crédit foncier de France*, appendice.

lation les lettres au porteur déposées et en opérer l'échange au profit des déposants? Est-ce que cette facilité, dont nous n'avons pas parlé jusqu'ici, parce que, en présence de l'active recherche qui attend les lettres à 3 65 (1), nous regardions comme inadmissible que la Société en usât jamais; est-ce que cette facilité ne coupe pas court à toute objection (2)?

Enfin, est-ce qu'il n'est pas de toute évidence que le fonds social, les dépôts, le droit de créer et de négocier des obligations et la facilité de rendre à la circulation les titres qui veulent en sortir, assurent tellement les remboursements, que, s'il est une impossibilité, c'est que la Société soit jamais dans l'impossibilité de rembourser les lettres émises suivant le tableau ci-dessus?

IV.

Tout vient donc attester qu'il ne faut que le vouloir pour constituer une réserve qui enrichira la Société, et dont la puissance ne permettra aucune inquiétude sur les remboursements; qui ne coûtera rien aux emprunteurs, puisque l'annuité est la même, que l'achat des obligations se fasse ou ne se fasse pas, et qui, au contraire, fera leur bien, puisque, au jour où elle sera à son chiffre, celui des annuités diminuera.

V.

Pour répondre à tout, nous admettrons que, malgré ce qu'a d'incontestablement rationnel ce que nous avons dit et du peu qu'il faut pour le va-et-vient journalier des lettres et de l'extrême facilité d'y pourvoir, on veuille la sanction de l'expérience, cette circonspection ne peut pas s'opposer à l'émission limitée dont il est ici question.

D'ailleurs cette émission n'ayant d'autre but que la formation d'une réserve, la Société est souveraine maîtresse de la proportionner à ce qu'autorisera l'expérience, à ce que demandera sa tranquillité.

(1) *Du Crédit foncier de France*, pages 25 à 88.

(2) Les maisons de change, accaparant les lettres à 3 65, ne laisseront même que rarement la Société profiter de l'escompte des jours d'avertissement.

VI.

UNE DERNIÈRE CONSIDÉRATION.

Le privilége de la Société est de vingt-cinq ans.

Or, rien de mieux pour en obtenir la prolongation que de le faire servir à bonifier de plus en plus la position de ceux qu'il a voulu favoriser ; et certes la baisse de l'intérêt et une réserve qui en assurera la durée, venant s'ajouter aux autres bienfaits de l'Institution, sont deux services de nature à militer en faveur de la prolongation du privilége actuel, auquel ils seront dus.

L'emploi des lettres à 3 65 dans la mesure où nous la proposons aujourd'hui aura donc, entre autres avantages, celui de consolider la Société au titre le plus digne, à celui des nombreux services qu'elle aura rendus.

PARIS. — IMPRIMERIE CENTRALE DE NAPOLÉON CHAIX ET Ce, RUE BERGÈRE 20 — 8873

DU CRÉDIT FONCIER DE FRANCE.

SUITE DE L'APPENDICE.

RÉALISATION D'UN PRÊT DE 60 MILLIONS AUX COMMUNES, AU MOYEN DES LETTRES A 3 65 (1).

On sait que, créées sans époque fixe d'exigibilité, les Lettres de gage ne peuvent demander leur remboursement que lorsqu'elles y sont appelées par voie de tirage au sort (Statuts, art. 82.)

Mais à l'émission des Lettres à 3 65 se rattache la nécessité de les faire circuler; et comme, dans les idées actuelles de crédit, on se dit que de semblables valeurs n'auront cours qu'autant qu'il y aura conviction d'un remboursement au gré du porteur, on voit là un péril pour l'Institution.

Un prêt de 60 millions aux communes exige donc que nous résumions les moyens, précédemment développés, qui assurent le remboursement des Lettres sans le moindre danger pour la Société (2).

§ I.

Il convient de faire ressortir d'abord ce que nous avons dit de l'extrême facilité du placement des Lettres à 3 65, environnées du prestige de leur remboursement à volonté (3).

(1) La Lettre à 3 65 peut recevoir le nom de *Billet foncier*. (*Du Crédit foncier de France*, page 25, note 1.)

(2) *Du Crédit foncier de France*, pages 33 à 73.

(3) Nous pensons qu'on regardera comme *à volonté* un remboursement identique avec celui des nombreux dépôts faits aujourd'hui au Crédit foncier (ci-après, au titre, *Réponse à l'objection.....*)

A cet effet, il suffit de rappeler que de nombreux dépôts se font au taux de 2, que des centaines de millions de Bons du Trésor se classent à 2 et 2 1/2.

Il suffit de rappeler que la conviction du remboursement fait accepter 600 millions, et plus, d'improductifs billets de banque (1).

Comment cette même conviction, ces dépôts, ce besoin de bons à un intérêt si inférieur, ne feraient-ils pas accepter, ou plutôt rechercher activement 60 millions de billets productifs d'un intérêt de 3 65, et garantis comme il n'est donné à nulle valeur de l'être (2) ?

§ II.

Disons encore, préalablement à toute autre explication, comment nous entendons qu'il soit procédé, pour, à l'aide de nos Lettres et aux termes du décret du 6 juillet 1860, prêter aux communes 60 millions en numéraire.

La Société commence par un prêt de 5 millions, nous supposons, soit de ses propres deniers, soit de ceux que lui procureront les titres provisoires dont le décret autorise l'émission.

Sur les annuités souscrites par les communes, elle crée 5 millions de valeurs à 3 65.

Ces valeurs la font rentrer dans 5 millions (3), qu'elle prête ensuite toujours aux communes.

Elle continue ainsi jusqu'à complément des 60 millions

(1) Un papier de circulation est une telle nécessité, que, dans les années 1848, 1849 et 1850, on recevait les billets de banque au pair, quoique les caisses de la Banque fussent fermées.

(2) *Du Crédit foncier de France*, V, pages 59 à 68.

(3) Ci-dessus, § 1.

et rentrée des 5 premiers millions avancés dans l'origine (1).

§ III.

Maintenant démontrons rapidement combien les remboursements sont assurés, combien la nécessité de les effectuer n'expose pas un seul instant la Société.

Elle possède :

1° Un capital de 60 millions, dont, à la vérité, 15 millions seulement sont réalisés ;

2° Des dépôts que le dernier compte rendu porte à 55,758,459 ; qui basés sur le crédit indestructible de l'Institution, s'augmenteront suivant toute vraisemblance, et dont, jusqu'à concurrence de moitié, l'article 2 des statuts autorise l'emploi garanti par des valeurs de la nature de celles qui nous occupent.

L'administration dispose de ce capital et de ces dépôts comme elle l'entend.

Une seule loi lui est imposée : celle d'en faire un usage qui ne les détourne pas de leur destination. Elle peut alors les employer en remboursements, puisque par là elle ne leur fait éprouver aucune altération. On le conçoit : la recherche des Lettres (2) rendues à la circulation assure des rentrées qui couvriront immédiatement les avances (3).

Le capital et les dépôts pouvant servir aux remboursements sans cesser de rester en leur entier, que faut-il donc pour qu'ils

(1) Si l'on jugeait convenable de ne pas précipiter l'émission des Lettres, et, à cet effet, d'émettre des Obligations pour partie du prêt, on pourrait plus tard remplacer celles-ci au moyen des Lettres.

(2) Ci-dessus, § 1.

(3) Il en résulte que la Société continuera à profiter de l'excédant de l'intérêt qu'elle tire des dépôts sur celui qu'elle leur sert.

y subviennent? Evidemment, qu'ils ne soient pas débordés par la demande du jour: c'est la conséquence infaillible de l'infaillible rentrée immédiate des avances. Or, ce débord est-il possible? Les intérêts et la conviction d'un remboursement opportun ne le rejettent-ils pas parmi les impossibilités?

Si la Banque de France a une réserve métallique du tiers de ses billets, c'est moins en prévoyance du va-et-vient journalier qu'en prévision des temps exceptionnels. Rendant à la circulation les billets échangés, la Banque n'a besoin journellement que de capitaux *relativement* insignifiants; nous le tenons de M. le Gouverneur lui-même.

Le Crédit foncier, lui, n'a point à se préoccuper des temps exceptionnels, parce que des remboursements en fait ne donnent pas aux Lettres un droit autre que celui dérivant de l'article 82 des statuts; qu'ainsi, en cas de demandes exorbitantes causées par une panique, ils peuvent être ajournés après la fin de l'orage, s'il y a utilité (1). Le Crédit foncier, disons-nous, n'ayant point à se préoccuper des temps exceptionnels, il s'ensuit qu'il n'a, comme la Banque, besoin journellement que de capitaux *relativement* insignifiants: il y a parité de raison. Toute différence, s'il en était, serait en sa faveur, car *des valeurs portant intérêt s'échangeront moins que des valeurs qui n'en portent pas.*

Mais il en est bien autrement.

Au lieu du peu qu'il faut au va-et-vient journalier, au lieu de capitaux relativement insignifiants, la Société, tant par la partie réalisée de son fonds social que par la moitié des dépôts et le recouvrement des avances, dispose constamment de 40 millions environ (2).

(1) Dans un cas semblable, un décret seul peut sauvegarder la Banque. (*Appendice*, pages III et IV).

(2) La soudaineté du recouvrement n'est nécessaire que pour maintenir les disponibilités constamment à 40 millions. Sans cela, les Lettres rapportant 3 65, il n'y aurait pas utilité.

Comment donc, sans cesse et si richement nantie, la Société craindrait-elle de ne pouvoir suffire au va-et-vient journalier de 60 millions de titres circulants, qui encore diminuent tous les ans en raison des annuités payés?

Mille voix le répéteront avec nous : que la Lettre de gage à 3 65 soit créée par le Crédit foncier de France, qu'elle apparaisse, et, bientôt acclamée comme un bien général, la circulation en sera telle que les 40 millions finiront par rester à l'état de repos.

§ IV.

Aux puissants motifs de sécurité révélés par le numéro précédent vient s'en joindre un autre qui, seul, suffirait pour la parfaite tranquillité de la Société.

Nous avons parlé dans l'*Appendice* du droit de substituer des Obligations aux titres remboursés, et de la facilité de les négocier en cas d'insuffisance des disponibilités.

Eh bien! est-ce que ce droit n'abrite pas la Société contre tout aléa, *quel qu'il soit?*

Est-ce qu'un droit qui autorise à transformer les Lettres en Obligations, *qui permet de ramener le prêt de 60 millions à son état primordial*, s'il était possible qu'on en sentît jamais l'opportunité, laisse prise même à l'ombre d'une chance compromettante?

APERÇU DES AVANTAGES QUE LES LETTRES A 3 65 PRÉSENTENT A LA SOCIÉTÉ ET AUX COMMUNES.

La Société, tenue de réaliser en numéraire ses prêts aux communes, est dans la nécessité de négocier elle-même les Obligations communales, créées à l'intérêt de 5, afin d'en obtenir le pair, par conséquent dans la nécessité de prêter à 5, plus 45 centimes pour se couvrir de la commission qui lui est allouée.

Eh bien ! les communes se soumettant à cette dernière nécessité, et les espèces venant, non des Obligations communales, mais de nos valeurs, nous arrivons, à la cinquantième année, à un boni de 88,556,800 francs, la durée du prêt de 60 millions étant de cinquante ans, et cela non compris les commissions (1).

Le boni serait encore de 54,794,613 francs, si le prêt était à 4 50, toujours la commission en dehors.

Nos valeurs à 3 65 mettent donc la Société en position et de gagner au delà de ses commissions, et de prêter aux communes au-dessous de 5, au lieu de leur prêter au-dessus.

Certes, tout en faisant, par l'abaissement des intérêts, large part aux emprunteurs, le boni venu du prêt de 60 millions, et de ceux *qui le suivront infailliblement*, permettra de constituer une réserve, dont l'énormité aidera le Crédit foncier à surmonter les obstacles qu'il pourra rencontrer.

RÉPONSE A L'OBJECTION QUI VERRAIT UNE SIMILITUDE ENTRE DES TITRES AU PORTEUR, NON A VUE, MAIS, EN FAIT, REMBOURSÉS A VOLONTÉ, ET LES BILLETS DE LA BANQUE.

La Société rembourse aujourd'hui les dépôts qu'elle a reçus, après avertissement ou immédiatement après un escompte qui pèse de quelque peu sur leur produit.

(1) On obtient ce boni en prenant la différence de l'annuité d'un prêt de 60 millions, au taux de 5 0/0, à l'annuité d'un prêt de 60 millions, au taux de 3 65 0/0, et en augmentant cette différence de ses intérêts composés annuellement à 3 65.

Il en sera bien certainement ainsi du remboursement des Lettres.

Quel rapport alors entre les billets de banque, payables à vue et intégralement, et des billets payés, soit après avertissement, soit avec escompte (1)?

CONCLUSION.

L'expérience sanctionnant, à l'égard des communes, ce que nous attendons de la Lettre à 3 65, rien ne s'opposera à son application aux autres intérêts que la Société a mission de sauvegarder.

Plus l'application en sera étendue, sans du moins dépasser les besoins (2), plus rapidement arrivera à un chiffre colossal un boni qui, équitablement réparti :

D'un côté, allégera le fardeau des intérêts, et par là satisfera

(1) Bien mieux : la Lettre à 3 65, loin de nuire aux billets de banque, leur profitera.

Que voyons-nous par les états de situation de la Banque publiés mensuellement ?

Que la somme des billets en circulation est en raison de la prospérité générale, qu'elle décroît quand les affaires ralentissent. En un mot, ces états de situation corroborent cet axiome : *que toujours, avec le développement de l'industrie, s'augmente le besoin du papier qui facilite le transport de l'argent.*

Or, la Lettre à 3 65, faisant baisser le taux des prêts, rendant la production moins dispendieuse, donnera naissance à nombre de nouvelles entreprises, développera davantage l'industrie. D'où une plus grande utilité, un plus grand besoin de billets de banque.

Ceci est d'une telle vérité, que notre Lettre doit trouver un auxiliaire dans la Banque de France, au lieu d'y trouver un antagoniste.

(2) Voir les préceptes que nous avons tracés à ce sujet. (*Du Crédit foncier de France*, pages 38, 39 et 40.)

à la double et noble tâche rappelée en tête des statuts de l'Institution : celle de fournir à l'agriculture les moyens de s'améliorer, d'augmenter ses produits, et de procurer à la propriété grevée de dettes un adoucissement à ses charges ;

D'un autre côté, enrichira la Société, et lui donnera une réserve qui élèvera sa puissance à une hauteur à laquelle n'est parvenue aucune société de crédit foncier (1) ;

Enfin, dotera la France d'un papier auquel l'industrie devra de nouveaux prodiges.

(1) Il en aura été du Crédit foncier, comme de tout ce qui commence : il s'est élevé avec des imperfections. Sans doute, les Obligations foncières remises aux emprunteurs et négociables à la Bourse ont été un grand pas ; mais la Lettre à 3 65 en est un nouveau et peut-être plus grand, qui portera à un degré encore inconnu les bienfaits du Crédit foncier.

PARIS. — IMPRIMERIE CENTRALE DES CHEMINS DE FER DE NAPOLÉON CHAIX ET Cᵉ, 20, RUE BERGÈRE. — 9474.

DU CRÉDIT FONCIER DE FRANCE.

NOUVEL APPENDICE.

A ce que nous avons dit dans notre travail *du Crédit foncier de France* (1), pour arriver à la circulation des lettres de gage portant intérêt à 3 65 0/0, nous venons ajouter un moyen découlant naturellement de l'alliance du Crédit foncier et du Crédit mobilier, à laquelle le dernier emprunt a donné lieu.

Au moyen d'un accord entre les deux institutions, quoi de plus simple, en effet, que la circulation des lettres de gage à 3 65 0/0, créées aux termes de l'article 82 des statuts ?

Il ne faut que les émettre dans une forme propre à la circulation, sous le nom de *Billet foncier*, si l'on veut ; puis adopter un mode de remboursement à la convenance du public, et en confier l'exécution au Crédit mobilier.

Les choses ainsi faites, une valeur portant intérêt à 3 65 0/0, reposant sur des immeubles d'une valeur double, garantie par le Crédit foncier de France, remboursable par le Crédit mobilier ; une semblable valeur circulera et circulera au pair : rien de plus évident.

Le tout est d'arrêter un mode de remboursement tel :

1° Qu'il soit à la convenance du public ;

2° Que le Crédit mobilier puisse, sans danger, prendre l'engagement de rembourser.

(1) Pages 25 à 77.

I.

Il est des précédents qui résolvent la première question.

Qu'enseignent les bons du Trésor?

Que les capitalistes les recherchent à trois, six, neuf mois, un an; que ces termes leur conviennent si bien, qu'ils acceptent aujourd'hui, à l'intérêt de 2 0/0, les bons à cinq mois; à l'intérêt de 2 1/2 0/0, les bons de cinq mois à un an.

Ils enseignent, par conséquent, que les Billets fonciers, en mît-on le remboursement à trois mois de vue, seront acceptés, puisque les trois mois de vue donnent la facilité d'en recevoir le remboursement à trois, six, neuf mois, un an, et, en outre, celle de l'éloigner, s'il entre dans les convenances du porteur de le faire.

Ils enseignent encore que ces Billets seront d'autant plus recherchés, qu'ils portent intérêt à un taux supérieur à celui des bons du Trésor (1).

Ces précédents ne permettent pas de douter que le remboursement des Billets fonciers, fût-il à trois mois de vue, ne soit à la convenance des capitalistes (2). Il sera ensuite à la convenance du public, quand le Crédit mobilier donnera cours aux Billets.

II.

La seconde question est de savoir si le Crédit mobilier peut, sans danger, prendre l'engagement de rembourser les Billets fonciers à des jours de vue susceptibles d'être étendus à trois mois.

Pour que cela fît question, il faudrait que le Crédit mobilier fût exposé à une masse de demandes de remboursements de nature à le compromettre. Or, rien de plus inadmissible.

D'abord, l'utilité du Billet foncier, la confiance de pouvoir le convertir dans un délai connu, en activeront la circulation; d'où peu de remboursements. Cependant, quelque rassurante

(1) L'intérêt des bons à trois mois, même dans les circonstances les plus difficiles, ne s'est, que nous sachions, jamais élevé à 3 65.

(2) Les lettres de gage du Crédit foncier de Hambourg sont remboursables à six mois, après avis donné par le porteur. (*Des institutions de Crédit foncier*, par M. Jossau, page 342.)

que soit cette infaillible conséquence, nous ne nous y arrêterons pas, et nous dirons, avec toute la force que donne la vérité :

Est-ce qu'il ne sera pas porté à la connaissance de tous que, au jour d'une demande d'espèces, le Billet doit être *visé* et *déposé* contre récépissé (1)?

Est-ce que l'intérêt, l'incomparable solidité du Billet, son remboursement par une puissante institution, n'en garantissent pas la remise en circulation immédiatement après le dépôt ?

Est-ce que cette remise en circulation ne donne pas de quoi subvenir à son entier paiement?

Est-ce que, voulût-on admettre un obstacle à la remise en circulation, *ce qui serait admettre l'impossible*, est-ce que le Crédit mobilier ne remettrait pas à la Société le Billet déposé, ne recevrait pas, en échange, une obligation de même somme (2), qui, négociée à la Bourse où elle est cotée, lui donnerait le montant du billet (3) ?

Des ressources aussi vraies permettent-elles la moindre inquiétude? Le *visa* laissant la facilité de les réaliser avant de rembourser, *le Crédit mobilier ne sera réellement qu'un intermédiaire n'ayant rien à débourser de ses propres deniers* (4).

III.

Un mot maintenant sur les riches conséquences de la circulation des Billets fonciers émis graduellement (5).

On rachètera d'abord les obligations 4 0/0 avec lots, au fur et à mesure que la recherche du papier à 3 65 autorisera à émettre

(1) Le délai prescrit entre le *visa* et le remboursement ne sera bien certainement pas de trois mois, qu'autoriserait la recherche de bons à trois, six, neuf mois, un an. Il se peut même que le Crédit mobilier rembourse immédiatement, en retenant un léger escompte.

(2) Voir *du Crédit foncier de France*, *Appendice*, page 1.

(3) A la vérité, l'obligation peut se négocier avec perte, mais elle peut aussi se négocier avec gain, et une chance compense l'autre. Au reste, la recherche des Billets empêchera ce cas de jamais se présenter.

(4) Si l'on objectait l'un de ces cataclysmes financiers qui mènent à un sauve qui peut, nous répondrions qu'il n'est pas d'entreprises industrielles qui doivent moins s'attendre à une pareille objection, parce qu'il s'attache aux Billets fonciers une garantie matérielle, indestructible, en dépit des événements ; parce que, au surplus, des jours de vue sont un calmant de nature à apaiser l'effervescence momentanée d'une panique.

(5) *Du Crédit foncier de France*, pages 77 à 86.

des Billets en leur lieu et place (1). Par là, on gagnera la différence entre le produit des obligations rachetées et celui des Billets; ce qui permettra de former une réserve formidable, tout en ramenant à plus d'unité les titres cotés.

On réalisera les prêts à venir en Billets fonciers, toujours en raison de la recherche de ceux-ci. On gagnera ainsi la différence du taux des prêts à celui des Billets ; ce qui conduira à une réduction des charges imposées aux emprunteurs, et, par la conséquence la moins contestable, à l'augmentation du nombre des emprunts.

Enfin, et ceci est le plus précieux, on familiarisera le public avec le papier productif, de sorte que, ce papier devenu un besoin général, sa circulation suffira pour le changer en menue monnaie. A ce moment, la Société pourra se procurer tous les capitaux qui lui seront nécessaires, sans se préoccuper de la recherche des Billets, et sans recourir à des émissions d'obligations, dont le renouvellement trop multiplié pourrait déprécier les titres cotés, malgré leur incontestable valeur. Plus de bornes alors à la puissance et aux bienfaits du Crédit foncier (2).

Ensuite, pour combien de temps et à quelles conditions traiter avec le Crédit mobilier, ou, en cas de désaccord, avec toute autre institution haut placée, dont aucune ne fera faute, dès lors qu'il y a tout à gagner et rien à perdre? Ce sont là des questions importantes qui ne doivent point être examinées ici.

Ces errements suivis, ce que nous aurions voulu voir s'effectuer par la Société seule, le sera avec un concours étranger. Mais de si grands avantages sont attachés au papier à 3 65 qu'ils peuvent enrichir le Crédit foncier, en porter l'utilité à son apogée, tout en dédommageant l'institution qui le secondera.

(1) Sans quoi on surchargerait la place, et, loin d'accélérer le succès, on le retarderait. (*Du Crédit foncier de France*, pages 38 et suiv.)

(2) Ces grands résultats peuvent être activés par des articles de journaux qui feront l'instruction du public en matière de crédit, qui feront pénétrer partout cette vérité : *qu'un papier productif, reposant sur le sol, est un capital réel que son utilité rend préférable aux espèces métalliques, sauf le cas où l'on a besoin de menue monnaie.*

PARIS. — IMPRIMERIE CENTRALE DES CHEMINS DE FER DE NAPOLÉON CHAIX ET Cᵉ, RUE BERGÈRE, 20. — 10284

DU CRÉDIT FONCIER DE FRANCE.

SUITE DU NOUVEL APPENDICE.

RÉALISATION, PAR LA BANQUE DE FRANCE, DES LETTRES DE GAGE, A L'INTÉRÊT DE 3 65 0/0.

Dans les idées actuelles de crédit, le remboursement étant la pierre d'achoppement des Lettres de gage à l'intérêt de 3 65 0/0, et la Société n'adoptant pas le mode développé dans notre travail *Du Crédit foncier de France* (1), nous avons dû en rechercher un autre. C'est alors que l'alliance à laquelle le dernier emprunt a donné lieu nous fit naturellement songer au Crédit Mobilier, pour des remboursements dont le mode, ne s'écartant pas des Statuts de cette grande Institution, pouvait être adopté sur-le-champ (2).

Depuis, nous avons pensé qu'il serait préférable de s'entendre avec la Banque de France, dans les opérations de laquelle rentre mieux la réalisation des Lettres de gage, des Billets Fonciers.

A la vérité, près de la Banque, plus de difficultés : ses statuts ne lui permettant d'escompter qu'autant que l'échéance n'excède pas trois mois, elle ne peut accepter des valeurs remboursables en cinquante ans, par un tirage au sort. Toutefois, ses statuts ne peuvent-ils être modifiés ?

On conçoit qu'ils aient limité l'escompte au papier à trois mois. A cela deux motifs :

Le premier, c'est que, *moins l'échéance est éloignée, moins il y a de risques de voir péricliter la solvabilité du débiteur.*

(1) Pages 25 à 77.
(2) Voir *Nouvel Appendice.*

Mais, avec le Billet Foncier, dont la garantie repose sur le sol, peu importe la solvabilité du débiteur, et par conséquent une échéance éloignée. Celle-ci importe d'autant moins que la garantie augmente tous les ans, en raison des annuités payées.

Le second motif, c'est que *les fonds de la Banque doivent rentrer de manière à se maintenir à la hauteur de ses besoins.*

Mais, pour cela, est-il indispensable que les Billets Fonciers soient à courte échéance?

Qu'arrivera-t-il par suite de leur réalisation?

D'un côté, un surcroît de billets de banque en circulation; d'un autre côté, une égale somme de Billets Fonciers en caisse.

Or, ces derniers portant intérêt, étant payables à présentation, la Banque en a le placement à tout instant. Elle sera donc constamment à même de faire face au surcroît des premiers. Rien de plus évident.

Quelque multipliées que soient la sortie et la rentrée des Billets Fonciers, ce résultat n'éprouvera pas de variation. Toujours rien de plus évident.

I.

La seule objection possible est qu'*il n'en sera ainsi qu'autant que les Billets Fonciers n'excéderont pas les besoins.*

Voyons si cela est à craindre.

La masse des capitaux qui veulent *sécurité*, *profit* et *disponibilité*, permet d'abord d'espérer que des Billets ayant ce triple caractère, et créés contre des annuités qui les amortissent successivement, seront recherchés au point d'absorber ce qu'il sera possible d'en émettre.

Ensuite, si l'on craint qu'il en soit autrement, tout se réduit *à limiter l'échange et à ne l'étendre qu'autant que l'expérience le conseillera.*

Mais, de prime abord, quel large champ!

Aujourd'hui, les billets de banque en circulation sont de 700 millions. Eh bien ! les Billets Fonciers seraient-ils de cette somme, ne s'en caserait-il aucun dans les portefeuilles, voudraient-ils tous se réaliser, il en arriverait seulement que la Banque finirait par escompter avec 700 millions de Billets portant un intérêt servi par le Crédit foncier de France, au lieu d'escompter avec des billets privés d'intérêts.

Qui donc s'en plaindrait ?

Ce ne serait par conséquent qu'à partir d'un chiffre singulièrement élevé, qu'il y aurait à se prémunir contre l'éventualité de Billets Fonciers surabondants. Nous laisserons à l'expérience à décider si l'on doit s'en effrayer, devant les bornes que la force des choses pose à la création de ces Billets, devant une recherche activée par leur sécurité, leur profit et leur disponibilité.

II.

Disons maintenant quelque chose des avantages que la Banque retirera d'une entente avec le Crédit foncier.

En premier lieu, ses bénéfices s'en accroîteront. C'est une conséquence naturelle d'échanges pour lesquels la Société paiera une indemnité : l'intérêt attaché aux Billets échangés, dont la Banque jouirait, en faciliterait le règlement.

Il peut arriver aussi que, instruite par l'expérience, la Banque, loin de redouter une surabondance de Billets Fonciers, décide que ces Billets ne sortiront de son portefeuille que moyennant un *agio*.

Ce n'est pas tout.

La réalisation de la Lettre de gage à 3 65 0/0, donnant le moyen de prêter à bas intérêt, d'où les plus fertiles conséquences (1) ; faisant à jamais sortir le Crédit foncier de la voie des emprunts par Obligations cotées à la Bourse, voie qui, indépendamment de ce qu'elle coûte, ne peut être indéfiniment ouverte, et qui, *fermée*, *menace d'embarras inextricables*; la Banque, rendant de tels services, ne sera pas insensible à la reconnaissance qu'ils lui mériteront (2).

III.

En présence de ces considérations si vraies : que la réalisation du Billet Foncier est sans inconvénient pour notre premier établissement de crédit, augmente ses bénéfices et doit la placer plus haut encore dans l'opinion publique ;

En présence des biens qui en rejailliront et sur l'industrie agricole et sur l'industrie en général (1) ;

L'assentiment du Gouvernement ne peut être mis en doute : il applaudira à une demande qui, en modifiant les statuts de la Banque, aura pour résultat de consolider le Crédit foncier de France, auquel se rattachent les plus grands intérêts du pays.

(1) *Du Crédit foncier de France*, pages 77 à 86.

(2) Plus la Banque *approfondira* ce qu'est pour elle un papier portant un intérêt payé par le Crédit foncier de France, plus elle y trouvera l'élément d'une heureuse extension de ses opérations.

Plus le Crédit foncier de France se *pénétrera* de la difficulté, ou, pour mieux dire, de l'impossibilité de trouver toujours, dans des obligations cotées à la Bourse, les capitaux dont il a un indispensable besoin, plus il trouvera que le crédit foncier ne peut être développé, sur la vaste échelle où il est appelé à fonctionner, qu'au moyen du Billet Foncier, qui, présentant le double avantage d'un placement de fonds et d'une monnaie, aura pour seules bornes les emprunts garantis par le sol de la France.

PARIS — IMPRIMERIE CENTRALE DE NAPOLÉON CHAIX ET Ce, RUE BERGÈRE, 20 — 10600

PARIS. — IMPRIMERIE CENTRALE DES CHEMINS DE FER DE NAPOLÉON CHAIX ET Cᵉ, RUE BERGÈRE, 20. — [illegible]

www.ingramcontent.com/pod-product-compliance
Ingram Content Group UK Ltd.
Pitfield, Milton Keynes, MK11 3LW, UK
UKHW021050260726
13994UKWH00002B/501

9 782329 359960